ちくま新書

# ファンベース

## ——支持され、愛され、長く売れ続けるために

佐藤尚之
Sato Naoyuki

1305

「がまん強くなることだ」キツネが答えた。「はじめは、ぼくからちょっとだけ離れて、こんなふうに、草のなかにすわるんだ。ぼくは横目でちらっときみを見るだけだし、きみもなにも言わない。ことばは誤解のもとだから。でも、日ごとにきみは、少しずつ近くにすわるようにして……」

（『星の王子さま』サン＝テグジュペリ／河野万里子訳・新潮社）

**ファンベース**——支持され、愛され、長く売れ続けるために【目次】

図版作成＝朝日メディアインターナショナル株式会社

## はじめに　ファンベースは、あなたが思っているより、たぶん、ずっと重要だ

売上が伸びない、売上が安定しない、最近売上が落ちてきた……。

もしあなたがそんな問題に悩まされているのなら、「ファンベース」の導入・強化を考えたほうがいいかもしれない。

**ファンベースとは、ファンを大切にし、ファンをベースにして（ベースには、土台、支持母体などの意味がある）、中長期的に売上や価値を上げていく考え方だ。**

「ファン」と聞くと、アイドルにキャーキャー叫んだりサッカーでウォーウォー肩組んだりする人のことを思い浮かべるかもしれないが、もちろん企業やブランド、商品に対して、そんなことをする人なんてめったにいない。いたらいたで怖い。

もうちょっと静的なイメージをもってもらったほうがいいだろう。表情が乏しくても熱い人がいるように、物静かだけど熱量が高い人はたくさん存在する。

あなた自身も身の回りでいくつか思い当たるのではないだろうか。日用品でも食料品でもファッションでもスポーツ用品でもアプリでもいい。他のブランドや商品が数多くある中、強く惹かれ、愛用し、思わず友人に薦めたブランドや商品があるはずだ。それは支持だ。ブランド

や商品が提供してくれている価値を支持して、購入しているのである。

そういう意味において、ボクは「**ファン＝支持者**」だと思っている。

もう少し言うと、この本では定義したい。**ファンとは「企業やブランド、商品が大切にしている『価値』を支持している人」**と、この本では定義したい。

支持する価値はいろいろだ。

「まさにこの機能が欲しかったんだ！」かもしれないし、「このメーカーの味、とても好みに合う！」かもしれない。「他に比べてデザインがダントツにいいよね！」かもしれないし、「面白〜い！　これ、まさに私のツボ！」かもしれない。その企業姿勢や社会貢献を強く支持している場合もあるし、創業者が大好きでずっとその企業の活動を支持している場合もあるだろう。

そういう、企業やブランド、商品が大切にしている価値にグッとくる人、その価値にワクワクし喜ぶ人、その価値を支持し友人に薦める人。それが「ファン」である。

もちろん「なんとなくしっくり来る」とか「なんか自分に合ってる」みたいな無意識かつ感覚的な支持でもいい。それらはすべて「大切にしている価値」に共鳴して発生した感覚だからである。

ファンベースでは、そういう「支持者」を大切にしていく。

「いや、そういう支持者＝ファンが大切なのはわかっている。というか当たり前だ」と思う方も多いだろう。昔から顧客第一主義とかよく言われてきたことだ。

ただ、そうは言いつつ、心の中でこんな疑問を持つ人も多いのではないだろうか。

「でも、**ファンって、黙っていても買ってくれる人たちだよね。それよりも『今買ってくれてない新規顧客』に売らないと、売上増えないいんじゃないの？**　貴重な予算を使ってまで、そういう人たちにアプローチするのは抵抗がある」

「ファンって言われても、そんな人いるかどうかもわからないし、いてもパイが小さいでしょう？　**そんな少数を大切にしたって対前年比に影響出ないのでは？　業績反映までに時間がかかりすぎる気がする**」

「え？　そもそも**ファンってお客様センターとかの専門部門の仕事じゃないの？**　マーケティングの仕事は新規顧客を増やすことでしょう？」

これらの疑問はよくわかる。

ボクも広告コミュニケーション業界で30年以上やってきて、新規顧客を狙ったプランニングを数多くやってきたし、大きなパイを意識することも長かった。ファンの存在もずっと目に入っていなかったし、それはどこか別の部署が担当することだと思っていた。マス広告全盛時代はもちろん、ネット時代に入ってもそういうアプローチで良かったし、実際、売上アップや業績反映にも貢献できたと思う。

でも、明らかに状況が変わった。

時代的にも社会的にも、新規顧客を狙うアプローチだけでは売上を増やすのが難しくなってきており、その解決法としてファンベースという考え方が必要で、今や早急に実施すべきフェーズにあるのである。

この本は、それは何故なのか、どう状況が変わったのか、具体的な施策はどういうものがあるのか、従来型のキャンペーンなどとどう組み合わせて組み立てていけばいいのか、について、基本的な考え方やアプローチ方法を書いたものである。

対象は、メーカーや事業会社の人に限らない。

小売や流通、メディア、コンテンツ、インフラ、行政などの生活者相手はもちろん、BtoB (Business to Business：企業間取引) 企業の人にも必要だと思うし、それらを担当する広告会社やコンサル会社も取り組むべきだと思う。

そして、部門的に言うと、事業部門や宣伝広報部門だけでなく、社長や役員、売上に直接影響しにくい経営部門・管理部門の担当者にもファンベースの考え方は必要だ。

もっと言うと、企業活動とは関係ないコミュニティ運営者、サークル運営者なども含めて、**今後、ファンベースという考え方抜きで発想するのは難しくなるだろう。**

せっかちな方のために先にいくつかの理由に触れておくと、まず、ファンは売上の安定に直結している。

**・少数のファンが売上の大半を支えている。**

**・つまり、今いるファンを大切にして彼らのライフタイムバリュー**※**を上げていくことは、収益の安定・成長に直結する。**

**※ライフタイムバリュー（LTV）**とは、顧客生涯価値のこと。一人の顧客がライフタイムを通じて企業にもたらすトータルなバリューのことである。一般には「その人が一生のうち、その商品をどのくらいくり返し買ってくれたか」的に受け取られているが、もちろん**顧客が中長期的にもたらすバリューは使った金額だけではない。**ファンベースを考えるにおいてとても重要なので、本文各所で説明していく。

そう、くり返し購入してくれるファンこそが、実は売上を支える大黒柱なのだ。

そんな中、今まで売上に効果を上げてきた「キャンペーン」の実効性も薄れてきた。

キャンペーンとは、目的達成のために一定期間かけて行われる宣伝・販促活動のこと。数週間のプレゼント・キャンペーンや値下げキャンペーンから、タレントを起用して数カ月単位で大々的に展開するものまでいろいろあり、それをくり返して行くことが売上を伸ばす王道と考える企業も多かった。この本では**数年単位の「中長期施策」であるファンベースに対して、「短期施策」**と位置づけている。

その短期キャンペーン施策のチカラが急速に失われて来ているのが今なのである。

**・世の中に情報も商品もエンターテインメント（エンタメ）も溢れかえりすぎていて、キャンペーンがとても届きにくくなった。**

**・そんな過酷な環境下でたまたまキャンペーンが話題になっても、一過性かつ瞬間風速的で、あっという間に忘れ去られてしまう。**

仕事柄、宣伝部や広報部の人とよく会うが、その多くが悩んでいる。

キャンペーンなどの短期施策はもちろん、広報リリースやパブリシティ、バズ狙いのコンテンツ、スポット的なデジタル広告、店頭イベントなどの「**単発施策**」は特に、話題化するのがどんどん困難になってきている。苦労工夫の末に話題になったとしても、数時間から数日で人々の記憶から消え去ってしまうのだ。

しかも現代日本においては、新規顧客へのリーチ（到達）を狙った施策はますます効きづらくなっていく。

**・人口急減により、顧客自体が物理的に減り続ける。それは100万人都市である千葉市や仙台市が毎年ひとつずつ減っていく勢いである。**

**・おまけに、超高齢化や少子化、独身増加などで、新規顧客の獲得はどんどん困難になっていく。**

だからと言って、短期施策や単発施策はもう無駄だ、と言いたいわけではない。商品の存在を広く知ってもらって新規顧客を獲得していくことは重要だし、手を打ち続けて売上を刺激することも必要だ。

ただ、ファンに売上の大半を支えてもらいつつ、それをベースに短期施策や単発施策を連動させて新規顧客を増やしていく、というような「**全体構築**（短期施策・単発施策と中長期ファンベース施策の組み合わせ）」を意識的に考えていかないと、もう立ちゆかないくらいハードな時代になってきたということである。

それは、ファンを今から作っていく新発売の商品でも一緒である。これからの時代、ファンを大切にする「ファンベース」という考え方は、あなたが思っているより、たぶん、ずっと重要だ。

というか、そもそも企業は、何のためにそのブランドや商品を開発・販売しているのだろう。

もちろん企業ごとに表現は違うが、創業者の言葉や社是、理念などを読むと、たいていこのようなニュアンスのことが書いてある。

**「生活者の課題を解決し、生活者に笑顔になってもらうこと」**

食料や飲料であれば、生活者の日々の食欲や喉の渇きをおいしく解決し笑顔になってもらうこと。日用品や電気製品であれば、生活者の日々の不便や不満を鮮やかに解決し笑顔になってもらうこと。ファッションやエンタメであれば、生活者の日々の欲望や退屈をワクワクと解決し笑顔になってもらうこと。

生活者と直接的に取引しないBtoB企業だとしても、相手先企業の様々な課題を解決することで、間接的に生活者の課題を解決し笑顔になってもらう。

つまり、企業の本業とは「**生活者の課題解決**」であり「**笑顔を作ること**」なのだ。

そして、それを日々実行している企業活動は、それ自体が「社会貢献」だ。生活者の課題を解決し笑顔を作り続けていることは、すなわち、すべての生活者が生きていく「社会の課題」を解決し、社会全体を笑顔にし続けていることに等しい。社会の課題を解決する上に、そのブランドや商品が長く安定して売れ続ければ、雇用まで継続的に創出できる。これが社会貢献でなくて何であろう。

そういう意味において、**商品が長く安定して売れ続けることは、企業ができる「最大の社会貢献」**なのである。

ファンベースは、その「長く安定して売れ続けること」を可能にする。

カンフル剤のように短期施策などを打ち続けて一時的に売れる状況を作るのではなく、長く安定して売れ続ける状態に、ブランドや商品を、する。だからこそ欠かせないアプローチなのである。

前著『明日のプランニング』(講談社現代新書)では、ファンベースとマス(大衆)ベースを分けて説明し、それを組み合わせる方法を説いた。この本は、より時代的・社会的に必然性が増しているファンベースに特化して、その導入・強化・実際の施策などについて、くわしく書いたものである。

いったい世の中に、**自分たちが愛している商品の価値を支持してくれる「ファン」を喜ばすことほど、楽しい仕事が他にあるだろうか。**

ファンを大切にする、楽しいファンベースの世界へ、ようこそ。

第一章

# キャンペーンや単発施策を、一過性で終わらせないために

## この章のポイント

短期キャンペーン施策も単発施策もいろんな意味で大切だ。でも、がんばって話題化しても、一過性かつ瞬間風速的に終わることが多く、貴重な予算や努力がとてももったいない。もったいなくしないためには、それらをブツ切りにせず、中長期ファンベース施策とつなげて、「価値に対する好意」を資産化していく必要がある。

## 「バズって話題になったけど、それだけで、何も変わらなかったんです」

数年前、ある洗剤メーカーX社の動画が大きく話題になったことがある。テレビCMはヒットし、ネット上でもバズった。つまり広くリーチ（到達）した。みんなが口々に褒めた感動作だった。実際ボクも見て少し涙した。でもその話題も、数時間、もって数日の命だった。みんなが話題にし好意をもったが、凄まじい量の情報の中であっという間に消費され、人々はすぐ次のトピックスへと気持ちを移していったのである。

みんな、その動画のことは言われれば思い出す。「あー、そういえばそんなのあったね。いい動画だったねー」って。でも、数日後にはすでにどの洗剤メーカーのだったかすら忘れてしまう。

その広告の担当者にお会いしたとき、こう嘆いていた。

「動画は大成功しました。こんなことなかなかないくらいなヒットです。みんなが話題にし、好意を持ってくれました。でも、売上にはさしたる影響は出ませんでした。そして、その後、その動画は一瞬で忘れ去られていきました。

きっとブランディングには寄与したとは思うんですが、確たる手応えもないし、なんかとても悔しいです。私たちはどうすれば良かったのでしょう？」

いったいその担当者はどうすれば良かったのだろう。

**話題になったキャンペーンも、効果が一過性で瞬間風速的**

このような例は実は周りからたくさん聞く。

短期的なキャンペーンや単発施策がそれなりに話題になったとしても、一過性で瞬間風速的な効果に終わってしまうのである。

・イベントは盛り上がりました。スペシャルサイトにもアクセスが集まりました。ただその効果がすぐ消えちゃうというか、あまり長持ちしないんです。他社も同じようなイベントを次々と仕掛けてくるし……。

・テレビの人気経済番組に好意的に取り上げられ、店舗にお客が押し寄せました。やっぱりこの時代でもテレビは効くんですね。でも一瞬でした。喜んだのも束の間、みるみる売上は元に戻っちゃって……。

・創業50周年のCMキャンペーンが話題になり、再び世間に商品名が認知されました。売上も刺激されました。でも後が続きません。あっという間に波は去りました。もう予算を使い切っちゃったし、どうしたらいいか……。

・会員制ビジネスで、新規加入3カ月0円キャンペーンを打ったらそれなりに効きました。でも無料期間が終わったら次々脱会します。定着してくれません。いったいどうすれば……。
・看板商品の売上を刺激するために新しい味を出したら、SNSで新しもの好きたちが話題にしてくれ、それなりに売れました。でもブームはほんの一瞬で、すぐ終売。本体の看板商品の売上はピクとも動かず……。
・地方創生の一環で、ネットメディアと一緒に企画した「移住促進のためのおもしろ動画」がバズりました。知名度は上がりましたが、移住はまったく増えません。「あのバズよもう一度」と様々な企画を出してますが、なんかこの方向性自体が疑問で……。

長く「話題化」は正義だった。

キャンペーンや販促イベントなどを話題にすることは、リーチや認知に直結したし、広く認知されると新規顧客が増えた時代が長かったからである。だから、とにかく話題にする。それが広告やPR、販促企画などの使命でもあった。

右に出したいくつかの例はまだいいほうだ。これらは、今までの価値観からすると「成功事例」だからである。瞬間風速的にでもそれなりに話題になり、認知を獲得したはずだ。

でも、後が続かない。いったい、どうすればいいのだろう。

## 瞬間的なリーチは意味がない

ネスレ日本で「ネスカフェ　アンバサダー」（第四章にて詳述）をゼロから立ち上げた津田匡《まさ》保《やす》さんはこんなことを言っている。

「モノやサービスを売るために、業界全体が『リーチ広告一辺倒』になっていることに危機感をもっています。

**リーチして認知を獲得したあとにどうするのか。どうやってその気持ちを継続させ、ファンにしていくのか。どうやってファンたちのライフタイムバリュー（LTV）を上げていくのか。それらをあらかじめ構築したうえでリーチしないと意味がない**と思うのです。

簡単に言うと『瞬間的なリーチは意味がない』ということです」

ボクも津田さんと同じスタンスをとる。

一過性で瞬間風速的なリーチは意味がない。新規顧客へのリーチを目的とした短期施策や単発施策だけでは、もうこの時代、通用しない。

問題は「リーチした後にどうするのか」。いや、「その前も含めて、前後をどう組み立てるのか」である。その組み立て方次第で、短期施策や単発施策の効果は大きく変わってくるだろう。

**キャンペーンは、つなげて「資産化」しないと、もったいない!**

一過性かつ瞬間風速的に効果を失っていく「成功キャンペーン」を見るたびに思うのは、「もったいない!」ということだ。素晴らしいキャンペーンを実行したのに、一時的なブームに終わり、効果が長続きしない。サスティナブル(持続可能)ではない。人の気持ちを一瞬は動かしたけれど、あっという間に忘れ去られてしまう。

それでも予算を潤沢に持っている企業なら、キャンペーンを次から次へと繰り出して、生活者が忘れるヒマもない状況にすることは可能かもしれない。でも、予算をそれほどかけられない企業は、なんとか捻り出した予算で年数回のキャンペーンや単発施策を打ち、予算に見合う効果を上げなければならないわけで。

それが前出のX社(洗剤メーカー)みたいに話題になったとしても、世の中の膨大な情報量に埋没し、あっという間に忘れ去られてしまう。**苦労して工夫してやっと話題になったのに、たった数日で、人々の意識から消え去ってしまう**のだ。なんともったいないことか。

「いや、それでも認知は上がったはずだ」と自分を納得させても、この情報過多&エンタメ過多&商品過多な時代、人はなかなか覚え続けてなんかくれない。その短期記憶は数時間から数日で消え去っていく。だから、忘れ去られないうちに、なるべく早く次のキャンペーンに手をつけ、刺激を与え続ける。まるで、やり始めたらやめられないクスリのようだ。

たぶん担当者たちは「このくり返しで本当にいいのかなぁ」とは思ってる。

でも、会社から「目の前の数字」、つまり「結果」をすぐに求められることもあり、キャンペーンを張って、認知アップを狙わざるを得ないのが現状だろう。

とはいえ、**せっかくの予算や努力がもったいなくないですか？**

そのキャンペーンや単発施策で興味や好意をもってくれた人を「ファン」にして、興味や好意を資産化していったほうがよくないですか？

**デートで情熱的に口説いてきたのに、そのあと会話もお誘いもしてこないヤツ！**

図1を見ていただきたい。

毎シーズン、デートに誘ってくる男がいる。

レストランに誘われ、そのときはえらく情熱的に口説いてくる。「オレを好きになって！つきあって！」と口説いてくるのである。こちらも悪い気はしない。嫌いなタイプでないことも相まって、ちょっと好きになりかける。

でも！　デートのあと、いきなりつながりが途切れるのである。お誘いもない。会話もない。

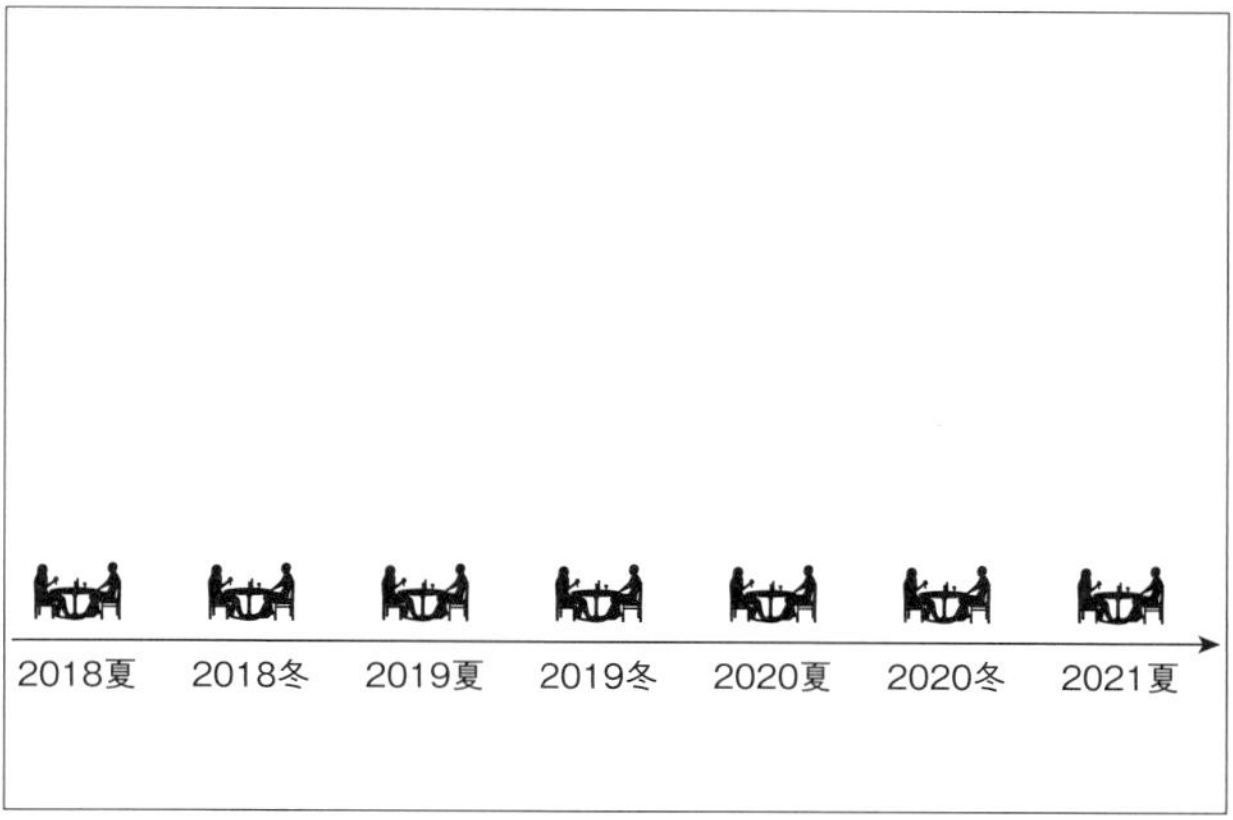


図1

メールも来ない。だから、ちょっと芽生えかけていた好意が、恋や愛に育たない。

口説いてくるのは彼だけではない。それぞれが魅力的な自分を見せて近寄ってくる。そう、ライバルはむちゃくちゃたくさんいる。それなのに彼からは放っておかれる。ブチッとつながりが途切れたままなのである。一目惚れでない限り（一目惚れの確率がとても低いのはご存じの通りだ）、当然、彼の存在は候補者リストから消えていく。

ところがこの男、次のシーズンになると、また、しれっと誘ってくるのである。そして、「オレを好きになって！　つきあって！」と情熱的に口説いてくる。えー、ちょっと何よ今頃！　って話である。

でもまぁモヤモヤしながらも悪い気はしない。

ところがまただ！　またデート後、関係が途切れるのである。瞬間風速的な口説きで終わるのだ。「せっかく好意をもったこの気持ちをどうしてくれるの！」「この人いったい何なのよ!?」ってことである。

## 関係を進展させ、好きになってもらうためには、デートのあとが大切

当たり前の話ではあるが、たまのデートを繰り返すだけでは関係は進展しない。好きになってもらえない。ましてや愛してもらえない。

もし本当に好きになってもらいたいのであれば、デートの後どうするかが大切だ。放っておかず、まめに連絡を取り続け、雑談で相手を和ませたり、デートのときに知った相手の趣味の話を共有したり、それについての自分の考えを話したり、自分の今までの人生を重くならない程度に話したり……。そうやって相手に好意をもってもらう努力をしていくこと。より深く好かれて関係が前に進むよう工夫し続けること。そのうえで要所要所でまた印象的なデートに誘うのである（図2）。

そうしないと、ライバルが多い中、一瞬好意をもってもらってオシマイである。関係が前に進まないどころか、始まらない。

というか、関係を進展させたいのに、こんなに放っておく人、いないですよね。でも、実は

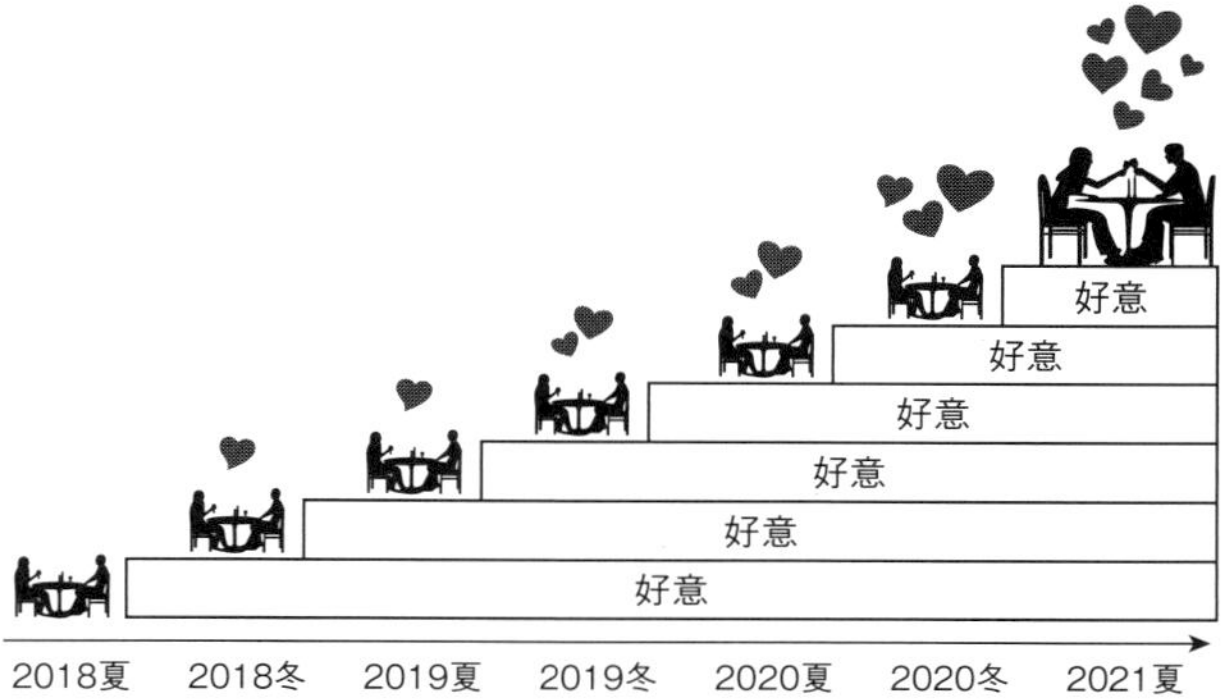


図2

彼みたいなこと、意外と多くの「企業」がやっていないだろうか。

**キャンペーンで好意をもってくれたのに、放っておいて大丈夫?**

つまり、図3※みたいな状況のまま、生活者を放っておいている状態だ。

※ちなみに、図3の各キャンペーンの台形が⏢のカタチをしているのは、いわゆる「ファネル（じょうご）」を表している。インパクトが強い広告を打って認知を増やすと、その数割が買ってくれるよね、という以前からあるマーケティングの考え方だ。パーチェス・ファネルとも言う。最近ではファネルのあとの共有・拡散も含めて「ダブル・ファネル」として取り上げられることもあるし、著者自身も『明日のコミュニケーション』の中で「SIPS」というモデルを提唱したが、この本の大筋には関係ないのでここでは取り上げない。も

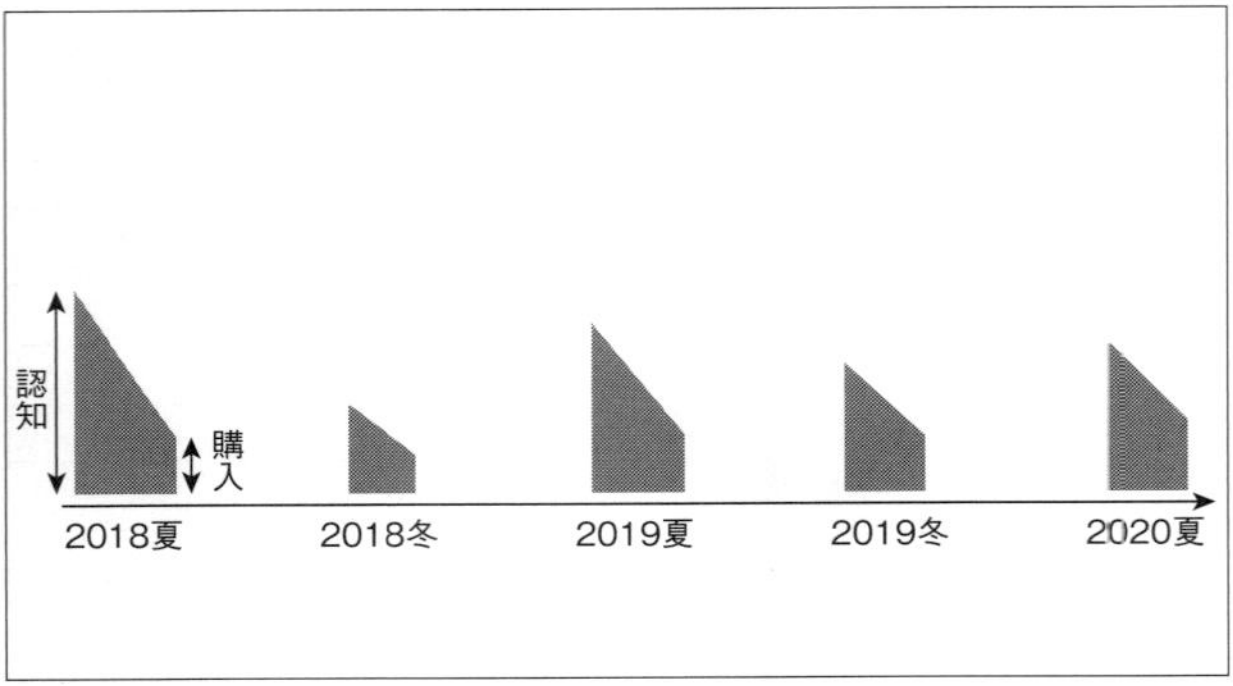


**図3**

っと知りたい方は「ファネル」で検索してみてください。

いわゆる「春のキャンペーン」「夏のキャンペーン」みたいな統合型キャンペーン（CMとかネットとかを組み合わせたキャンペーン）が、それぞれ**「ブツ切り」**で実行されている状態である。

キャンペーンにそれなりに予算をかけてなんとか話題を作り、好意を持ってもらうところまでもってきたのに、そのあと特に何かすることもない。だから、口説かれている側（生活者）には、いっこうに好意が貯《た》まらない。そのまま記憶の彼方に忘れて行っちゃうのである。それでは、**せっかくの予算が、その過程での努力や工夫や試行錯誤が、すべて「もったいない」**と思うのだ。

しかも、その生活者がきれいさっぱり忘れた頃、

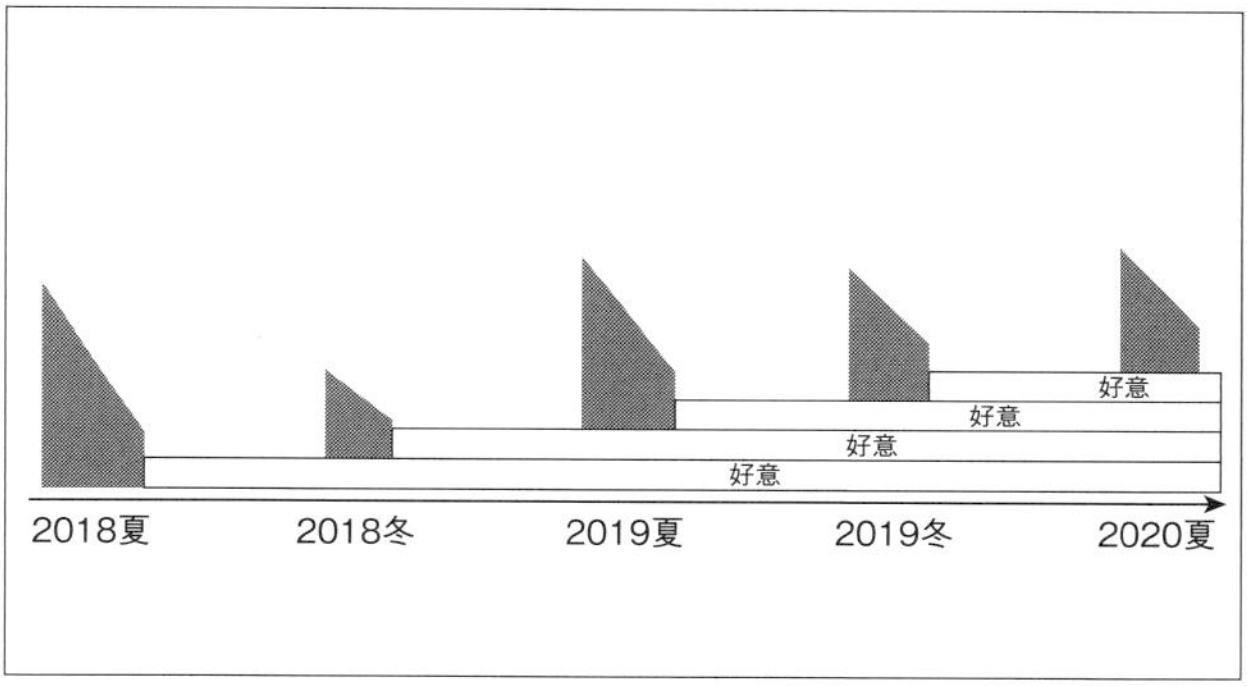


**図4**

「忘れられてなるものか〜！」と、またキャンペーンを仕掛けてくる。仕掛けるだけでなく、切り口もタレントも変えて全く違うキャンペーンをやることもとても多い。それどころか、もっと刺激を与えるために、パッケージ・リニューアルや商品リニューアルまでする企業すらある。せっかく好意を持ったのに別人になってどうする。

いや〜、すべてにもったいない！

図4※のように好意を積み重ねていかないと（この本的に言うと「価値への支持」を積み重ねていかないと）、もったいなさすぎる！

※もちろん、この図のように階段状に上がって行くわけではないし、こんなに順調に上がって行くわけでもない。上がったり下がったりして、少しずつ上がって行くと思うが、これは概念図として捉えてください。

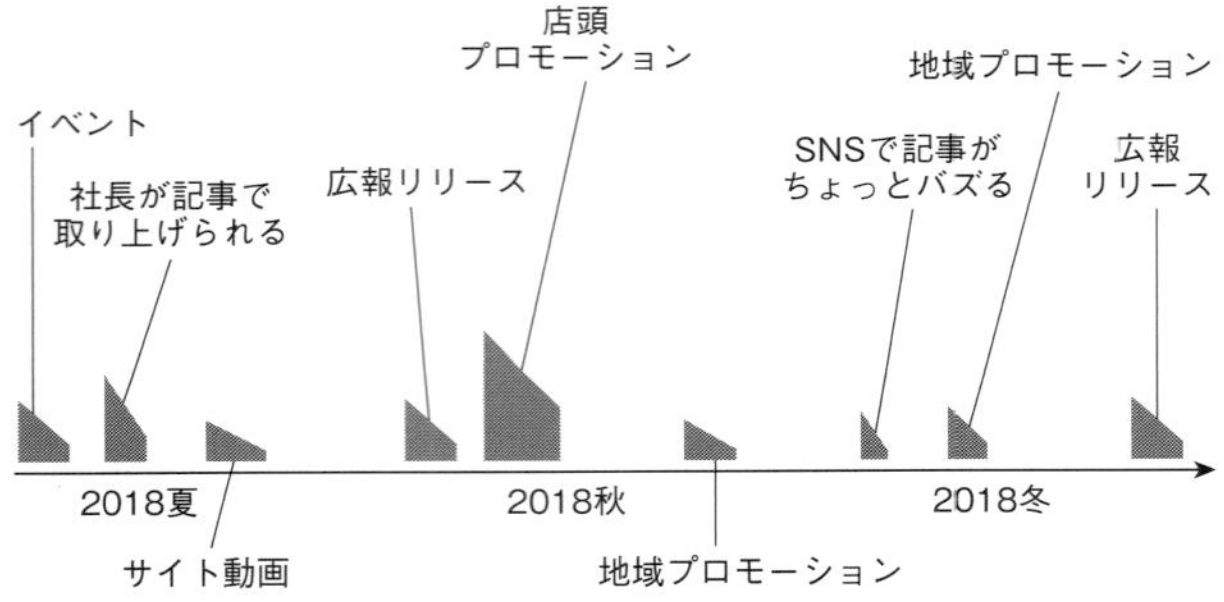


図5

## 単発施策もブツ切りのまま

キャンペーンをする予算がない（もしくはキャンペーンをほとんどしない）ブランドなら尚更だ。少ない予算をかき集めて単発施策をくり返しても、図5のようにブツ切りに存在しているとしたら、本当にもったいない。

生活者はどれかひとつの施策に接するわけではなく、いろいろな接点でその企業や商品に接するわけだが、どこかで好印象を受けても、それが積み重ならない。資産化されないのである。

もちろん、それらの施策が完全に無効果なわけではない。一見、連携していないように見える小さな記事やプロモーションが、生活者の中で自然に積み重なってだんだんと好感度を上げ、じりじりと売上を底上げすることもあるだろう。

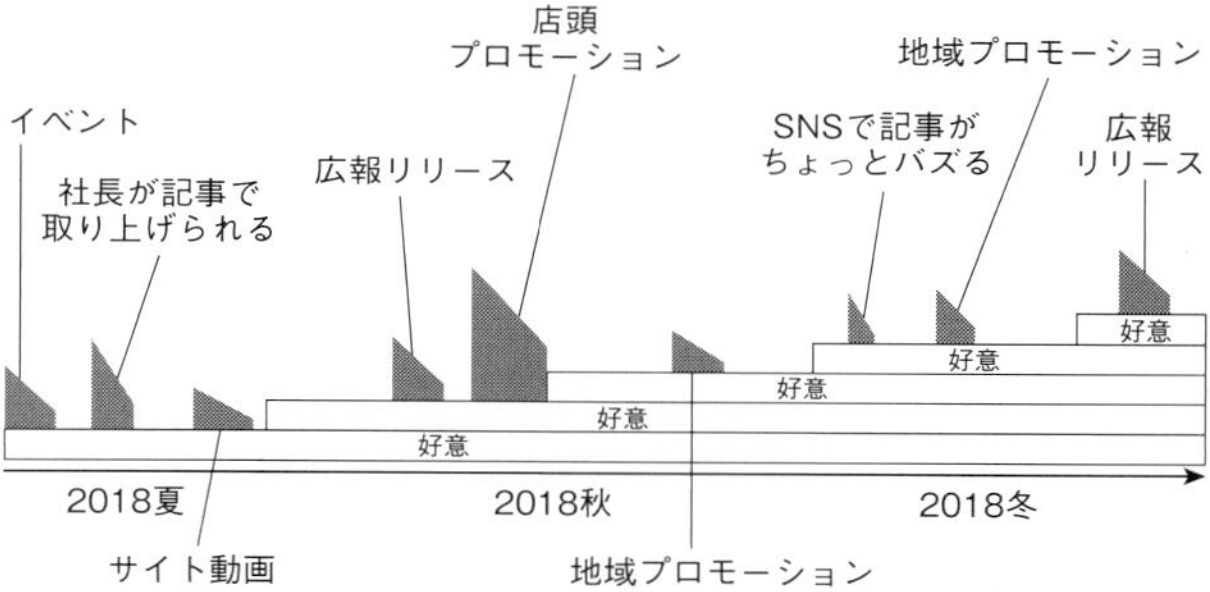


図6

ただ、**問題はそれらが明確に設計されていないこと**だ。

部署や個人のがんばりがそれぞれ孤立して存在し、たまたまうまく行った、に近い。行き当たりばったりなのだ。現在ブツ切りになっている単発施策、そして短期キャンペーン施策などを、もっと意識してつなげ、そこで好意を持ってくれた人（ファンの入り口に立った人）の**好意を資産化して積み上げていく**こと。

そういう「全体構築」が必要である。

つまり、図6のように、好意が資産として積み上がっていくことを目指すべきである。

ちなみに、「ファンの数を増やし資産化する」のではないことに注意してほしい。資産化するというと「ファン・コミュニティの参加人数を増やす」みたいな「数」の発想になる人がいるが、ファンとは「企業やブランド、商品が大切にしている価値を支持している人」だ。短期施策や単発施策で気づいてもらった「価値」に対する「好意」を積み重ねていくことが必要だ。

## 短期施策や単発施策は、それぞれに必要だ

企業側の事情も含めて、シーズンごとの短期キャンペーン施策や、前述のような単発施策は、それぞれに重要かつ必要だ。

まず、企業もブランドも商品も、知られなければ何も始まらない。「認知されること」の重要性は、世の中が変化したからって減るわけではない。

また、売上も（瞬間的にではあるが）刺激する。この過酷な時代（次章でくわしく説明する）、それはとても希有で貴重なことだ。

流通対策という面もある。例えば、有名タレントを使ったテレビCMキャンペーンを大々的にやらないとコンビニや量販店の棚に並べてもらいにくい、少なくともいい場所に並べてもらえない、みたいな商品ジャンルは多く存在する。

そして、そういう大々的なキャンペーンは、社員の誇りをかき立て、仕事のモチベーションを上げることも多い。広告もPRもネット記事も、社員のやる気や一体感を醸成する効果があり、それは無視できない。

さらに、「役員が1年で改選されてしまう問題」もわりと大きい。

たいていの役員は1年ごとに任期が更新されるので、「1年以内に結果（数字）を出さないと次がない」ということになる。そうなるとどうしても対前年比や四半期ごとの数字が気になり、「短期的な成果」が計算しやすい短期施策や単発施策が重要視されてしまう。中期経営計画に沿って中長期施策をがんばっても、今期の数字が低ければ次期役員の手柄になりかねないと考える役員もいるくらいである。そのうえKPI（重要業績評価指標）も広告効果指標も、短期や単発施策のほうがわかりやすい。だから会議などで結果を説明しやすい。

そういう役員の立場や気持ちは（同年代の役員の友人からいろいろ聞くこともあって）それなりにわかっているつもりだが、「企業の本業という名の社会貢献」に日々邁進している中堅・若手たちが、**そういう短期的視点に気持ちをすり減らされているのもまた事実**である。

他にも各社いろんな事情があったりするだろう。それらも含めて、短期・単発施策はまだまだ重要だし、必要なことが多いのである。

**短期キャンペーン施策や単発施策と、中長期ファンベース施策をつなげて資産化していく**

だからこそ、その「必要な短期・単発施策」を上手に活かすことが重要だ。

**どうせやることになるのなら、一過性かつ瞬間風速的に終わらせるのではなく、その効果を**

**資産化していくべきである。**図4や図6のように、短期キャンペーン施策や単発施策と中長期ファンベース施策を組み合わせた「全体構築」が必要だ。

「施策が増える分、予算も増えちゃうのではない？」と思う方もいるだろう。

予算的に言うと、今までキャンペーンや単発施策にすべてを注ぎ込んでいた予算の幾分かを中長期施策に回す必要はある。

ただし、「予算の分散」ではない。第五章でくわしく説明していくが、**短期・単発施策と中長期ファンベース施策は、それをつなげることによって「相乗効果」を生み出す**からである。必要な短期・単発施策の効果をより上げるための土台（ベース）を普段から作っておくのがファンベースなのである。

次章では改めて、このファンベースという考え方が「必然」な理由を、少しくわしく追っていく。短期・単発施策をそのまま放っておいたらもったいないでしょう？　という理由だけでファンベースの必然性を説いているわけではない。

具体的には3つ、理由がある。ひとつずつ見ていこう。

第二章

# ファンベースが必然な3つの理由

## この章のポイント

短期・単発施策がどんどん効きにくくなっている中、中長期ファンベース施策の重要性・必然性が増している。ファンベースは売上の安定に直結しているし、時代的・社会的にどんどん重要度が増しているし、新たなファンも増やしてくれる。これからはファンベース抜きにマーケティングは考えられないのではないだろうか。

## なぜファンベースは必然なのか

「はじめに」で書いたように、**ファンベースとは、ファンを大切にし、ファンをベースにして、中長期的に売上や価値を上げていく考え方**である。

この「ベース」という部分がわりと重要で、第一章の図4（29ページ）のように、**売上を中長期的に支える「土台（ベース）」みたいなイメージ**を持ってもらうと、この章以降の理解も進みやすいと思う。短期・単発施策の縁の下を支えているようなイメージだ。

また、ファンを、企業やブランド、商品が大切にする**価値を支える「支持母体（ベース）」として考える**のもファンベースの大事な一面である。

ブランドや商品の「価値」は時代とともに変化していく。使われ方も、愛され方も、喜ばれるポイントも、少しずつ変わっていく。**その変化をファンという支持母体とともに見極め、改善をくり返す過程もまたファンベース**なのである。

よく間違われるのは、「今いるファンを大切にする」＝「そのブランドや商品の『現在の価値』を支持してくれるファンと一緒にそれをキープしていく」と考えることだ。確かにファンは、そのブランドや商品の「現在の価値」が好きでファンになっている。変わらないでほしい部分ももちろんある。でも、**その価値の延長線上にある、もっといい「未来の価値」にも強く**

**期待しているし、それを企業と一緒に夢見たいと思っている。**

例えば、あるアーティストの支持母体があるとして、彼らはそのアーティストに今のままでいてほしいなんて思っているわけではない。「これからももっともっといい作品を世に出し続けてほしい、私たちを楽しませてほしい」という思いをもって支持をしている。それと一緒だ。「未来」を見て支持しているのである。**そういうファンとともに変化・成長し、未来の価値を創出していく**こと。それもファンベースなのである。

そういう意味において、ファンベースは、ファンから儲けようとするだけの「ファン・ビジネス」や「ファン・マーケティング」などとは違う。ベースという言葉を大切にして、「**ファンベース・プランニング**」や「**ファンベース・マーケティング**」と呼びたいところである。

さて、このファンベース。

第一章で述べたように、短期・単発施策で得られた好意を資産化していく、という面でももちろん必要なのだが、その一面だけでなく、多面的に必然となってきている。その理由をこの章では3つにまとめてみた。

## ファンベースが必然な3つの理由

（1）ファンは売上の大半を支え、伸ばしてくれるから
（2）時代的・社会的にファンを大切にすることがより重要になってきたから
（3）ファンが新たなファンを作ってくれるから

まず、（1）で、ファンベースはキレイゴトではなく、「売上」に直結する考え方である、ということを頭に入れてもらった上で、（2）以下を読んでいただきたいと思う。

それではひとつずついってみよう。

### （1）ファンは売上の大半を支え、伸ばしてくれるから

**コアファンとファンだけで、全売上の約90%！**

まず最初に、次ページの図7を見ていただきたい。

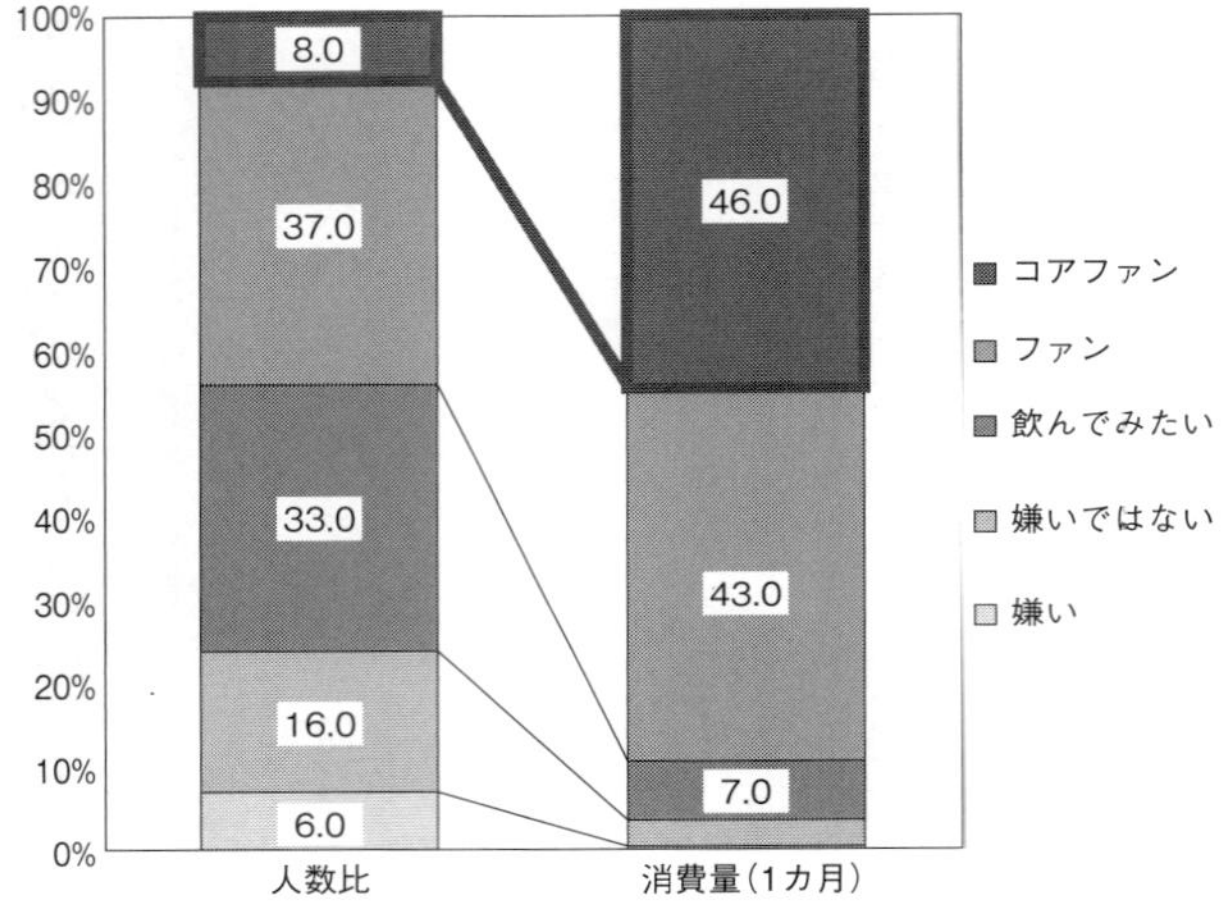


図7

これはある飲料メーカーにお借りした生データである（数字などを多少加工して載せさせていただく）。誰でも知っている「有名飲料ブランド」だ。グラフの左側が人数比。「ファン度」別に示している。一番上が**コアファン**に当たる。

この本におけるコアファンとは、「はじめに」で説明した「ファン」の上位概念で、**「企業やブランド、商品が大切にしている価値を強く支持する人」**だ。いわゆるロイヤルティ（忠誠）が高い人々である。ロイヤルユーザーとかロイヤルカスタマー、エバンジェリスト（伝道者）などと呼ばれる層でもあるが、忠誠とか伝道とか、ちょっと企業からの上から目線っぽいので、この本ではシンプルに「コアファン」と呼ぶことにする。

で、図からわかるように、この飲料ブランドは、**たった8%のコアファンが、46%の消費量（≒売上）を支えている**のである。また、コアファンの下の「ファン」も加えると、なんと、売上の約90%を支えているのだ。

そう、企業はとにかく新規顧客の認知を得てなんとか一回買ってもらおうとライバル他社としのぎを削るわけだが、すでにファンになっている人たちが、実は売上の大半を支えているのである。**ファンは売上を支える大黒柱**なのだ。ファンを大切にして「ファンであり続けてもらうこと」が、収益の安定に直結するのである。

**パレートの法則はだいたい正しい**

「パレートの法則」とか「20：80の法則」、「ニハチの法則」と呼ばれている法則をご存じだろうか（図8）。

自然現象や社会現象など様々な事例に当てはめて語られる法則であるが、ビジネス的には「全顧客の上位20%が売上の80%を生み出している」みたいに使われる。

右の飲料ブランドの例は正確には「20：80」ではないが（45：90くらいである）、少数の顧客が売上の大半を支えているという意味において、このパレートの法則は、ほとんどの商品ジ

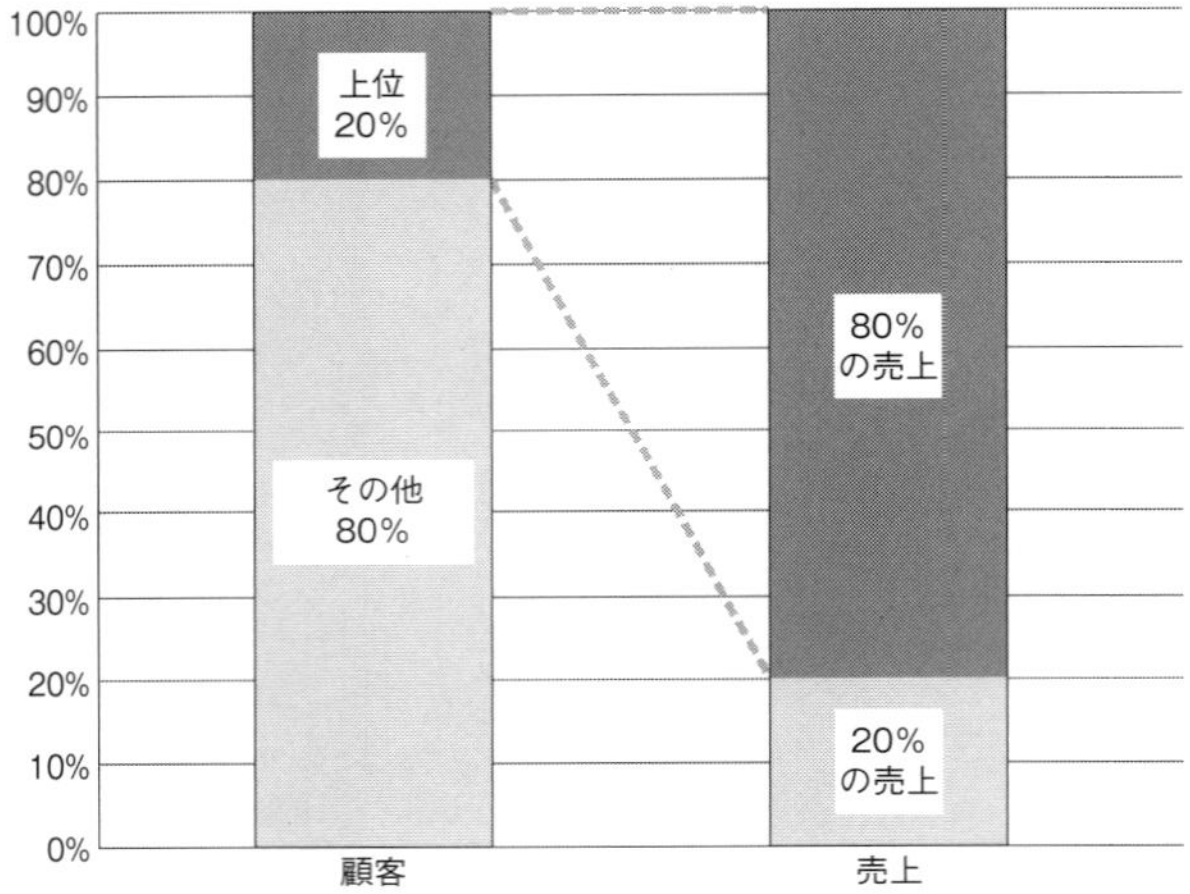


**図8　パレートの法則**

ャンルに当てはまる。

図9は新国立劇場運営財団専門員の堀田治さんが調査したもので、3・3%の、超高関与層（≒コアファン）と10%の高関与層（≒ファン）で売上の2/3を上げている様子を表している。また、この調査が引用されている論文（巻末1：超高関与消費のマーケットインパクト）において、パレートの法則の実測例として、以下のような記述がある。

> **「百貨店」では、顧客数の上位20%で売上の6割強を占めるという報告がある**（岩井ほか2005）。**「雑誌」**では、上位21・1%の人が閲読総数の71・5%を、**「Web」**では20・1%の人が総

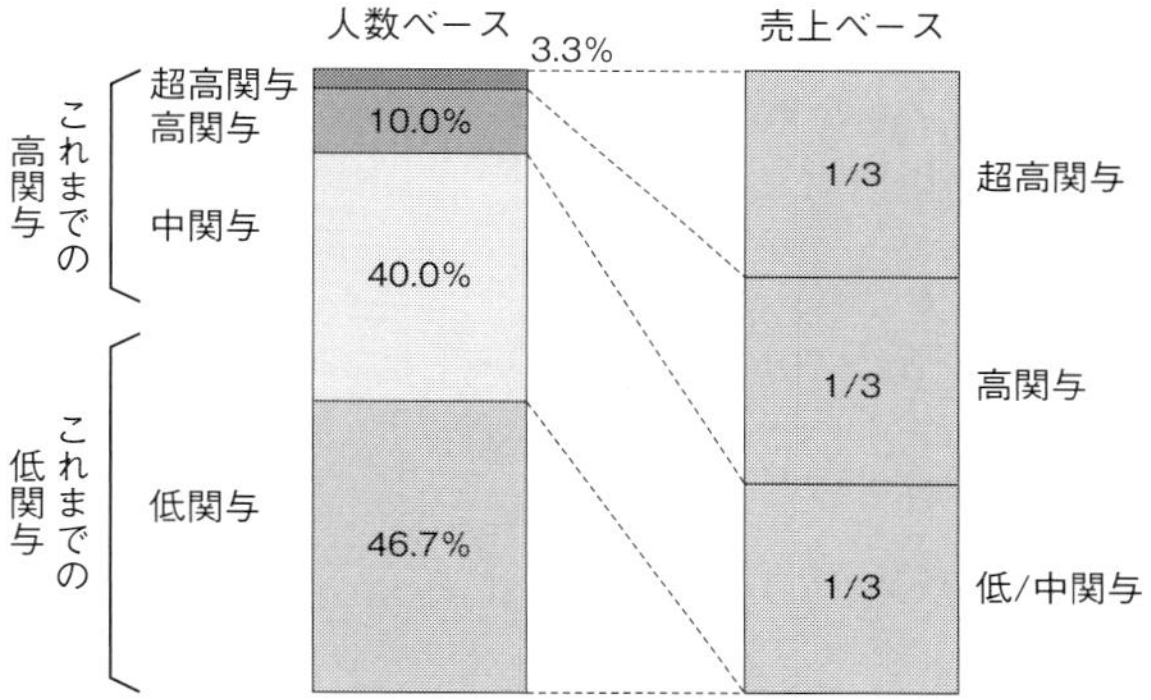


巻末1：堀田治「超高関与消費のマーケットインパクト」

図9

アクセス数の63・8%を、「**コンビニエンスストア**」では20・8%の人が利用総数の58・5%を占める（太宰2009）。このように通常の消費カテゴリーではむしろ20：70ないしは20：60の範囲が多いようである。（注・太字は筆者）

※この本では参照URLの巻末一覧を作っているが、いちいちURLを打ち込む人もいないと思うので「筑摩書房HP」(http://www.chikumashobo.co.jp/special/fanbase) 上にリンク一覧を作っているのでご利用ください。

他の例も挙げるなら、例えばボクの友人が経営していた「家事の宅配サービス」において、ファンを具体的に「3回以上リピートしてくれている定期顧客で、現時点でアクティブな顧客」と定めて調査した結果、全体の約27%のファンが、売上の約75％以上を支えていたそうだ。また、ある書店チェーンの役員に聞いたところ、だいたい約30％の顧客が売上の80％くらいを支えていると言っていた。

これはBtoB企業にも当てはまる。いくつかヒアリングしてみたところ、くり返し発注してくれる20％程度のお得意様が全売上の約80％を占めている例が多かった。「BtoB担当者というファン」を大切にする施策は収益に直結するのである（82ページでもう少しだけくわしく書きます）。

このように、業界によって数値に多少のバラつきがあったり、ファンベース施策をやっているやっていないなどの違いもあると思うが、「少数のファンが売上の大半を支えている」ことはいろいろな事例で確認されている。パレートの法則はだいたい正しいのだ。

### 上位2・5％のコアファンが全売上の30〜40％を占めている！

もうひとつだけ例を挙げよう。

カゴメの代表的な商品、カゴメトマトジュースでは、上位2・5％のコアファンが全売上の30〜40％を占めているとわかったそうである（巻末2：上位2・5％の客対象のコミュニティ「& KAGOME」、コアファン向けサービスで上得意の離脱阻止）。

驚きませんか？　たった2・5％で、全売上の30〜40％である。巻末でリンクした記事を読むと、1日220円以上、年間にして8万円以上カゴメ商品を購入するコアファン層がカゴメの売上を支えているというのである。

ただ、このコアファン層が少しずつ離れていっていることにカゴメは危機感を持った。なので、そのコアファン層とのつながりをより強くするために「&KAGOME」というコアファン限定のコミュニティ・サイトを作ったのである。

この記事の中で、カゴメの重友大輝さんはこう語っている。

「当社が志向しているのは、何百万人、何十万人といった会員数の規模をウリにするコミュニティではなく、**間違いなくカゴメ商品が大好きで実際に日々ご購入いただいている上得意顧客が集まる場を作ること**」

つまり、コアファンと濃密につきあうことによって、彼らの気持ちが離れるのを防ぎ、収益を安定させようとしているわけである。

## 今いるファンを大切にし、LTVをあげていくこと

ライフタイムバリュー（LTV）という言葉がある。

「はじめに」でも簡単に説明したが、日本語に訳すと「**顧客生涯価値**」であり、一般的には「生涯のうちにその商品をどのくらいくり返し購入してくれたか」的に解釈される。

40ページの図7で言えば、左側のコアファンとファンの人数がたとえそのまま増えないとしても、彼らが年間にもう数本ずつ多く買ってくれると、右側の消費量は必ず数％上がっていく。もともと90％ほどの売上を占めていたものが、90数％になるわけである。つまり、売上全体を確実に伸ばす、ということになる（巻末3「ライフタイムバリュー」とは、「一人の顧客がその取引期間を通じて企業にもたらすトータルの価値」）。

今まで企業は、キャンペーンなどをして新規顧客を獲得し、図の左側の「人数全体」を増やそうとしてきた。でも、52ページからの（2）で詳述するが、その人数全体を増やすことがままならなくなってきた。物理的に顧客は減り続けるからである。

そして、人気タレントの力や安売りなどによってなんとか増やしたとしても、**浮動層**はその字の通り浮気者の集まりで、なかなか居着いてくれず、他にいい商品が出たらすぐそちらに移っていく。それより、すでに買ってくれている人との関係性を深めてファンにし、彼らにもう1本、もう2本と買ってもらうほうが、確実に収益の安定につながりやすいのはわかっていただけると思う。

## LTVを5・34倍増やしたソニーデジタル一眼カメラ「α」

とはいえ、どうやってLTVを上げるのか、イメージがつきにくいと思うので、ひとつだけ例を挙げておこう。

ソニーのデジタル一眼カメラ「α」の例である。

くわしくは記事（巻末4：ソニーのデジタル一眼カメラ「α」に学ぶ、なぜ購入後のマーケティングを重視すべきか）を読んでいただきたいが、短く紹介すると、ソニーが一番大切なプロセスと位置づけているのが「商品購入後」だそうである。つまり、買った後にいかにLTVを上げるかを重視しているということだ。

彼らは、顧客がαを購入した後に、「P3」と呼ばれるCRMアクション（購入者に3カ月に3回以上コンタクトする顧客施策）をして、購入した商品を使いこなすための情報やサポートを提供している。

ソニーマーケティング代表取締役の河野弘さんは、こう語っている。

「商品の使用頻度を上げることが、周辺商品購入というクロスセル、上位機種購入というアップセルにつながると考えている。例えば『α』では、高度なユーザーから初心者まで、レベルに応じた多様なコンテンツをメールで配信しており、WEBサイトへの誘引率は、一般的なメルマガが1・3％程度なのに対し、P3メールは32％を示している」

ソニーは「すでに購入してくれた既存顧客」とコミュニケーションをとるために、コンテンツを提供して、まずは購入後の接触を増やしているのである。

そのうえで、既存顧客同士のコミュニケーションも促進している。写真の投稿や共有、コミュニティの運営、イベントやコンテストの案内、テクニックの指導など、丁寧に顧客とのつきあいを深めていっているのである。

また、ソニーはリアル拠点（ソニーストア）を大事にし、使い方講座、テーマ別撮影講座、お出かけ撮影体験会、新商品先行体験会などを開いている。オンラインでのつながりをきっかけに、体験会で実際に会って交流するファンも多いという。

担当の松本恒太朗さんはこう言う。

「オンラインのコミュニケーションに力点が置かれる中で、わざわざソニーストアに足を運んで来てくださるファンは、ソニーにとって一番熱いファンであり、特に大事にしています」

このような施策によって、顧客はファンとなりコアファンとなっていく。写真の投稿ができる「α Cafe」には、ファンから毎月1000枚を超える投稿があり、累計127万枚の写真がアップされているそうである。

その結果として好意度もアップし、LTVが上がっていく。

**ファンが購入後に使った金額は、購入時点を1として、P3施策の段階で3・85。「α Cafe」に誘引した段階で5・24。そして、リアルな体験会に来るところまでコミュニケーションを深めると、LTVは5・34まで上がった**そうである。カメラが高額商品であることを考えるとすごい効果だ。

河野さんはこう語っている。

「今後も、ソニーは、デジタルマーケティングを最大限活用し、リアルと連動して**ソニーファンを創造していく**」

このソニーαの事例が素晴らしいと思うのは、ファン同士が投稿などでブランドの価値を高め合うことによって結果的にLTVが上がっているところである。

とかく「生涯客単価」的ニュアンスで語られやすいLTVだが、**顧客がブランドや商品に中長期的にもたらすバリューは使った金額だけではない。**とくに「ファンが新たなファンを作ってくれる」という部分において、顧客のバリューは計り知れない。

新規顧客狙いから、ファンを作り増やすことに大きく舵を切ったソニーにこれからも注目したい。

## まずはファンが全売上の何%を買ってくれているのかの調査から

さて、あなたの担当商品ではどうだろうか。

まずは、図7の飲料メーカーのように、ファンが売上の何%を支えてくれているのか、調査するところから始めるのがいいと思う。少なくともマス・マーケティング全盛時代の正攻法だった「新規顧客にリーチする」というアプローチについて、少し見方が変わってくるはずである。

この飲料メーカーの調査方法は、「このブランドが一番好きで飲む」「よく飲むブランドのひとつ」などのアンケートを、全国消費者パネル調査（全国15〜79歳の男女から継続的に収集している日々の買い物データ）において実施し、実際の購入量と相関させて計算している。

ただ、ブランドや商品が高関与商品か低関与商品か※によって、この相関も多少変わってくるので、商品ジャンルによってアンケート項目は熟考したほうがいいだろう。最初は少ないサンプル数からでもいいので、アンケート項目を試行錯誤し、より納得のいく結果を導き出すのがよいと思われる。

※【ちょっと長いけど、わりと大事な※印】

飲料は一般に「低関与商品」と言われる。その生活者にとって重要度や興味が高い商品を「高関与商品」と呼び、重要度や興味が低い商品を「低関与商品」と呼ぶが、コンビニやスーパーで数秒で購入決定するような日用品は低関与商品が多く、飲料もその中のひとつと認識されている（もちろん生活者による。飲料に高関与な生活者も少なからずいる）。

高関与商品においては「ヘビーユーザーやリピーター＝ファン（支持者）」であり、支持がそのまま売上に直結することが多い。一方で低関与商品は「ヘビーユーザーやリピーター＝ファン（支持者）」とは限らない。「別にどの飲料ブランドでもいいや」と思っている浮動層が多くいて、なんとなくリピートしている場合も多いのである。そしてその層の売上はバカにならない。売上比で言うと、彼らが売上のほとんどを占めている場合も多いのである。

あなたも「別にファンまでは行かないけど、なんとなくリピートしている商品」があると思う。例えばボクは最近、あるヨーグルト飲料をよくリピートするが、まだファンにまでは至っていない。他に似たような効能があるおいしい商品が出たら、そちらに移ってしまうかもしれない程度のリピーターなのである（早くボクにファンベース施策をしてほしい。あとひと押しでファンになるのに！）。そういう消費行動はその商品の現在の売上を支えているが、いつ違う商品に移ってしまうかわからない。なぜならファンでなく浮動層だから。そういうことが低関与商品では多くある。

つまり、低関与商品も固定ファンをしっかり作っていくことが必要になっていくわけだが、この「※」はそのことが言いたいわけではない。この本は商品ジャンルを特定して各論を説いていく専門書ではなく、一般化して大枠をお伝えしていく新書であるので、その辺を明確に分けずに話を進めますよ、ということです。担当商品ごとに応用して読んでいただけると助かります。

ファンは売上の大半を支える大黒柱である。

まずはその事実をあなたの担当商品で確認しよう。

「うちみたいな商品に固定ファンなんかいない」などと先入観を持たず、調査予算の範囲内でまずは調べてみることだ。まだファンがいない新商品や、売れていない商品などの場合には、他社先行商品のファンを調べて傾向を見るといいと思う。

さて。

最初に「ファンは売上の大半を支え、伸ばしてくれる」ことを頭に入れてもらった上で、次に、ファンベースが必然になってきている理由を追っていきたい。時代と社会の変化が激しく、ファンを「土台」としないといけない必然性が出てきたのである。

## (2) 時代的・社会的にファンを大切にすることがより重要になってきたから

### 成功体験を脱ぎ捨てないといけない時期に来ている

経済が伸び、商品が売れていた時代の名残りもあって、今でもマーケティングの目的を「新規顧客の獲得」に置いている企業は多い。また、バブル時代も含めて、**マスという大きな塊に大量に売れた時代の「成功体験とそのやり方」を信じている役員や管理職も多い**(そりゃそうだ、彼らはそれで成功したから出世したのである)。

ただ、第一章で書いたように、現場は、「効かない」「売れない」「すぐ忘れられる」「動かなくなった」みたいな声と実感で溢れている。

この乖離は何で生まれたかというと、それは時代や社会の「変化」からである。

そのことをまずこの（2）で読み解きつつ、ファンという名の「すでに買ってくれている人」「すでに支持してくれている人」を大切にしないといけない理由を浮き彫りにして行きたい。

変化は大きく3つに絞られる。

①日本社会の変化、②超成熟市場による変化、そして、③情報環境の変化である。

**①日本社会の変化により、新規顧客はどんどん減っていく**

まず、ひとつめの「日本社会の変化」だが、これを話し始めるとたいていの方は「わかってるってば」とイヤな顔をする。「少子高齢化問題でしょ。将来は相当大変になるって話だよね」と、数十年先のこと言われてもなぁ、みたいなことを言う。

いや違う。これは「目の前の売上」に直結する話である。少子高齢化だけでなく、複合的に様々なことが次々と同時並行的に起きているのが今の日本なのである。問題はたくさんあるが、以下に3つだけ取り上げてみた。新規顧客ばかり狙ってきた「体質」を改善していくのに早すぎることはない。

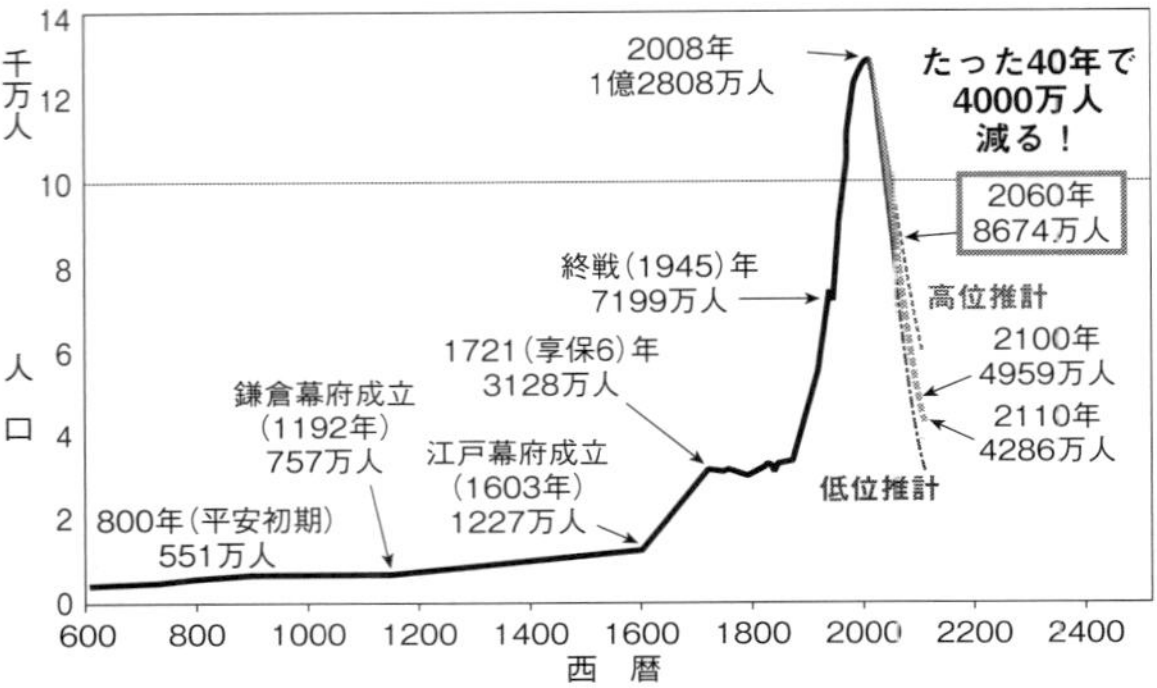


資料：総務省、国立社会保障・人口問題研究所、国土交通省などの資料から著者作成

図10　日本の人口の歴史的推移

### ▼人口急減

まず、図10を見ればわかるように、人口はものすごい勢いで減っていく。

2008年をピークに、あとは滝壺に落ちるように、急角度で落ちていくのである。40年後には、約4000万人くらいがごっそりいなくなる。計算上は、**毎年100万人もの人口が減っていく。100万都市である千葉市や仙台市が毎年ひとつずつなくなっていくペース**なのだ。

これはすなわち、大切な商品に出会ってくれるはずのお客さんが物理的に減っていく、ということだ。買ってくれる人数を全体的に増やすとか、新規顧客を増やし続けるといった方向性は茨の道すぎる。どうやって毎年100万人ずつ減っていく市場に対抗するというのだ。

それよりも「今買ってくれていて、支持してくれているお客さん」を大切にして、彼らが離れないようにすることが先決だし、収益安定のためにより重要となってくる。

### ▼ウルトラ高齢社会

ベストセラー『ライフシフト』（リンダ・グラットン／アンドリュー・スコット著・東洋経済新報社）の中で、**2007年生まれの日本人の約半数は107歳まで生きる**、と、アメリカの人口学者が予測している。たいていこういう予測は医学の進歩などで前倒しされるので、今20～30代の人も、100歳くらいまで生きるかもしれない。ウルトラ高齢社会がやってくる。

先の話すぎると思うなら、こんな数字はどうだろう。

- **2020年、女性の半数が50歳超え**
- **2024年、全国民の3人に1人が65歳以上**
- **2026年、高齢者の5人に1人が認知症患者となる**
- **2030年、団塊世代の高齢化で、東京郊外にもゴーストタウンが広がる**

（『未来の年表』（河合雅司著・講談社現代新書）より）

ここ5年10年の、目の前の課題なのだ。

もしそうなったとき、消費はどうなるか。身近な高齢者を見ればわかる。社会の先行きへの不安や、自身の健康への不安、そして老老介護などの出費を考え、**お金を貯め込むようになり、消費を控え始める。**

また、**たいていの高齢者が保守的**だ。好奇心は漸減していくうえに、新しい技術や革新的な商品などに懐疑的であり、謂れのない恐怖心すらもっている（高齢者でネットを怖がる人が多いのを見てもよくわかる）。使い慣れた商品のほうが安心できるのだ。つまり**「新規の商品に手を伸ばす」ことが減っていく。**

高齢者だけではない。予備軍である50代、60代も、自分たちの親の病気や介護、老人ホームなどへの出費、そして自分の年金問題などに備えて、財布の紐を固く締め始めている。**高齢者が急増する社会は（少子化も含めて）「新規顧客が減る社会」なのだ。**

新規顧客獲得キャンペーンが年々つらくなることは目に見えているし、「今買ってくれていて、支持してくれている「お客さん」を大事にすることが先決だ。

### ▼人口の約半分が独身に

未婚者も急増する。

国立社会保障・人口問題研究所の推計によれば、15歳以上の全人口に占める独身者（未婚＋離別死別者）数はどんどん増え続け、2035年には男女合わせて4800万人を突破し、全体の48％を占めるらしい。日本人の約半分が独身生活者になる、ということだ。

これが何を意味するかというと、**家族需要・世帯需要が減っていく上に、結婚・妊娠・子育てという「ライフステージの変化による新しい需要」も減る**ということである。

結婚するとそのカップルには様々な「新しい需要」が起こる。子どもができると、今まで買うとは想像もしてなかったグッズや、教育、住宅などの新しい需要がたくさん起こる。それらがすべて減る、ということだ。

独身のままの人が増えると、生活パターンが変わりにくい分、他の新しい需要も増えにくい。断捨離ブームやシェア文化の広がりなども相まって、多くの分野で新規顧客が減っていくだろう。「今買ってくれていて、支持してくれているお客さん」が離れるのを防ぐのが重要だ。

### ②超成熟市場が新規顧客獲得をより困難にしていく

ほとんどの世代でモノが揃っており、多くの商品が高い普及率を示している市場を「成熟市場」と呼ぶが、現在の日本社会は、その状況を大きく超えた「超成熟市場」である。世界を眺めても、これだけ売り場にも家にも仕事場にもモノが溢れかえっている社会はそんなにない。そして、この状況自体が、新規顧客の獲得をより困難にし、ファンの重要度を上げていく。2つの観点から見てみよう。

## ▼選択肢が多すぎると、人は「買うのをやめてしまう」

有名な「ジャムの実験」をご存じだろうか。米コロンビア大学のシーナ・アイエンガー教授が行った実験で、もともとは「品揃えを豊富にしたほうが売上が伸びる」という、あるスーパーの経営方針を確かめる狙いの調査だった。

ところが逆の結果が出たのである。24種類のジャムを置いた売り場と、6種類しか置かない売り場でどちらのほうが売れるかを比較し、当初はもちろん24種類置いた売り場のほうが売れるだろうと予想した。だが結果は、24種類の売り場では3％の人しか買わなかったのに、6種類に絞った売り場では30％近くの人が買ったというのである。

この実験の教訓を教授はこう挙げている。

**「選択肢が多ければ多いほど人は選ぶのに悩み、選んだ結果が本当にいいのか気にもなり、自信をなくし、結局選ぶのをやめてしまう」**と。

そう、選べなくなるのではなく、**「選ぶのをやめてしまう」**のである。**買うのをやめてしまうのだ。**

商品を試しに手に取ってみる、という行動が減っている理由のひとつである。近くのコンビニやスーパー、モールなどに行けばよくわかる。ネット通販は言わずもがなだ。選択肢が溢れすぎている。そうなると、人は買うのをやめてしまう。逆に「買うモノがすでに決まっている人」、つまりファンの存在価値が高まるのは言うまでもない。

## ▼USPはすぐ追随され、陳腐化する

ほとんどの商品が揃っている超成熟市場において、企業はどうすればいいのだろう。たいていの企業が他の商品との違いを前面に打ち出して差別化しようとするだろう。つまり「USP※の明確化」だ。でも、それすら有効打になりにくいのが今なのである。

※USPとは「Unique Selling Proposition」の略で、「商品固有（ユニーク）の売り込み（セリング）提案（プロポジション）」のことである。日本ではシンプルに「差別化ポイント」的に使われることも多い。

例えば、アイフォーンが初めて世に出たときのことをご記憶だろうか。

ボクは本当に驚いた。あまりに革新的な商品だったからである。でも、そんな超イノベーティブな商品ですら、たった数年で他社に追随され（マネされたと言ってもいい）、安価化され、あっという間に陳腐化（コモディティ化・ありきたり化）してしまった。

液晶テレビでもそうだ。日本メーカーが先行し世界を席巻していたパネル技術は、他国の後発メーカーにあっという間に追いつかれ、あっという間に陳腐化し、安値競争に持ち込まれ、

負けてしまった。

そう、**先行商品は（そのＵＳＰが優れていればいるほど）すぐに後発に研究され、マネされ、陳腐化され、安価化されてしまう**のである。

アイフォーンや液晶テレビみたいな超先端技術ですらそうなのだ。あなたの担当商品も例外ではない。開発者が必死に研究して出した商品も、先行をよく研究した後発の商品にすぐ追随され、付加価値をつけられて市場に並ぶ。新しい市場を創出するような優れた商品ほど追随商品は増え、あっという間に陳腐化する。そしてその後は安値競争の消耗戦である。

もちろん、新しいＵＳＰを打ち出すと、瞬間的に新規顧客は増える。浮気者の浮動層が飛びつくからだ。でも、**その貴重な機会に彼らをしっかり「ファン」にしておかないと、その浮動層は「よく先行を研究した後発」にすぐ取られてしまうだろう。**つまり、新規顧客をＵＳＰで惹きつけられるのはごく短い期間でしかないということだ。惹きつけているうちにファンにしておくのは必須である。

**③情報環境の過酷化で、新規顧客へのリーチはより困難に**

３つの理由のうちの最後に「情報環境の変化」を挙げたい。

世の中に流れる情報は膨大に増え、企業が商品情報を伝えたくても伝わらない。世の中を楽しませるエンタメも過剰に増え、苦労していいコンテンツを作ってもほとんど見てくれない。そういう現状の話である。

これらは拙著『明日のプランニング』でも書いたことであるが、ファンベース視点で簡単におさらいしたい。

## ▼「世界中の砂浜の砂の数」より多い情報が世の中に流れている

今、世界は、いまだかつて人類が誰も経験したことがないほどの多量な情報に囲まれている。アメリカのIDC社の調査によると、世の中に流れている情報量は、2011年の段階で「世界中の砂浜の砂の数（1ゼタバイト）より多い」そうである（図11）。

世界中の砂浜の砂の数より多いって……ほぼ無限だ。それどころか、東京オリンピック・パラリンピックがある2020年には、45ゼタバイト流れると予測されている。つまり、世界中に砂浜が今の45倍あるとして、その砂浜のすべての砂粒分の情報が世の中に流れる、ということである。無限にもほどがある。

ボクはこの情報環境を『明日のプランニング』で「**情報〝砂の一粒〟時代**」と名付けた。「あなたが伝えたい情報」は、それがたとえ数億バイトの情報だとしても、分母が無限なので、「砂の一粒」と言っていいくらい小さな存在になるからである。大切な商品の存在も、吹きす

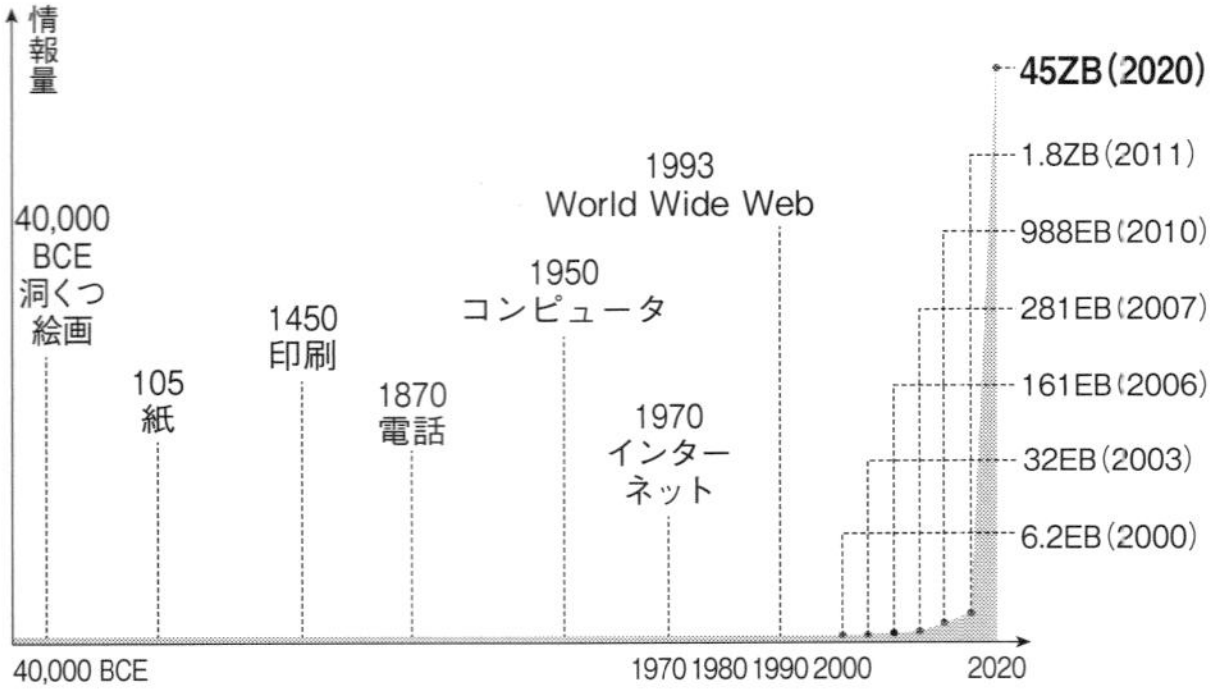


2007年の時点でそれまでに書かれた書籍の情報量合計の約300万倍の情報が流れた。2011年にはその1921万倍の1.8ゼタバイトの情報が流れた。そして2020年には45ゼタバイトになると予測されている。
1 ZB（ゼタバイト）とは「世界中の砂浜の砂の数」と言われている。

図 11

さぶ砂嵐の中の小さな一粒だ。

このことは、大事な予算をかけたキャンペーンの効果に絶大な影響を及ぼす。**生活者にほぼ届かない（リーチしない）**のである。情報の砂嵐に巻き込まれて認知されない。奇跡的に届いたとしても、次から次へと流れてくる新しい情報に対応することに精一杯で、**人は「自分に関係ないと思われること」をすぐに記憶から消去する**のである。

たった十数年前なら（情報〝砂の一粒〟時代の始まりはだいたい2005年前後である）、キャンペーンは脳みそにわりと留まった。情報が今より圧倒的に少なかったので、企業からの情報もそれなりに受け取れた。

でも、情報がここまで増えるとそうはいかない。脳みそから溢れ出るだけではなく、「ま、必要なときがきたら検索すればいいや」と脳みそに入れることすらしない。

そのキャンペーン、その広報リリース、そのイベント告知、そのバズ記事。

あなたの担当商品にまだなんの興味関心もない新規顧客たちが、本当に受け取ってくれると思いますか？ **もし確実に受け取ってくれる人たちがいるとするならば、それは「その商品にすでに興味関心がある人」**だ。「ファン」である。

### ▼エンタメ過剰もキャンペーンを目立たなくさせる

そのうえ、エンタメの数も尋常でなく増えている。

図12はユーチューブの話だが、いまや世界中から1分間に300時間分の動画がアップされるという。300時間分＝12日半分。たった1分間に、ユーチューブだけで、それだけの動画が新たに加わるとか、意味がわからない。

ネット上の動画のみならず、ボクたちは一日中エンタメに囲まれている。モバイルコンテンツやテレビコンテンツ、新聞・雑誌・小説・映画、音楽にゲーム、カラオケやパーティーもエンタメだし、土日のBBQやキャンプに至るまですべてエンタメだ。

こんなに魅力的なエンタメが溢れている世の中で、キャンペーンやイベントが少しくらいエ

**毎分300時間分（12日半）の動画がYouTubeにアップされる**

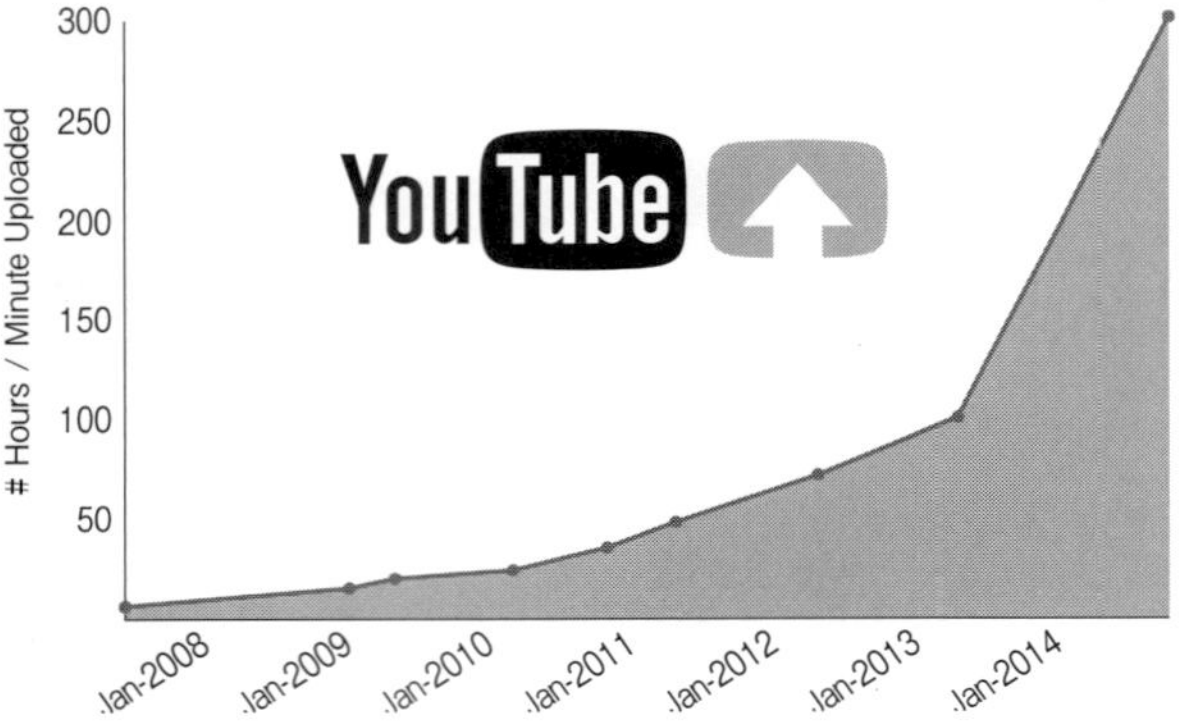


図12

ンタメ化しているとしても、誰が見てくれようとするだろうか。見てくれても覚えていてくれるだろうか。よく、「自社サイトに面白い記事や動画を置いてバズらせましょう」とかいう提案を聞くが、こんな状況下で企業の広告記事を本当に見に来てもらえ、そんな簡単にバズらせられるものなのか、たとえ多少バズったとしても、覚えていられるものなのか、もうちょっと真剣に検討したほうがいいと思う。

一方で、**こんな状況下でも、興味をもってわざわざ見に来てくれる人はいる。**それは企業やブランド、商品の「ファン」である。

新規顧客にリーチするのは至難の業だ

サービス全体 ヘビー利用者数シェア、利用時間シェア：2016年5月

| サービス | ヘビー利用者数シェア | ヘビー利用者利用時間シェア |
|---|---|---|
| スマホ利用者全体 | 20% | 50% |
| SNS | 22% | 82% |
| LINE | 19% | 60% |
| 有料動画 | 19% | 85% |
| 無料動画 | 22% | 88% |
| ブログ | 18% | 85% |
| 新聞社系ニュース | 19% | 73% |
| ニュース キュレーション | 18% | 79% |
| 雑誌 キュレーション | 16% | 76% |
| EC | 19% | 72% |
| オークション・フリマ | 21% | 90% |

Source
スマートフォン：Nielsen Mobile NetView　ブラウザおよびアプリからの利用
(LINE、SNS、動画はアプリのみ)
http://www.nielsen.com/jp/ja/insights/reports/nielsen-digital-trends-2016-first-half.html

図13　多くのサービスで20：80の法則

が、ファンはブランドや商品の動向に注目している。そこに着目することは、エンタメにおいてもアプローチの本筋になるだろう。

### ▼SNSもごく一部で盛り上がっている

いわゆるバズは、今やとても有効な手段だと言われているし、実際、「SNSをよく使っている人」に伝わる手段のひとつではある。でも、残念ながら日本ではまだまだSNSの普及率が低く、ごく一部の人にしか拡散しない。

図13はニールセンが発表した調査である。スマートフォンでの調査になるが、利用シェアとしては一般化できると思うので、一般化して言及させていただく。

上から二番目にSNSの項があるが、これは「総利用時間の82％は22％のヘビーユーザーによって消費されている」という意味である。つまり、**SNSユーザーの約20％にあたるヘビーユーザーが、総利用時間の約80％を占有している**のである（まさにパレートの法則！）。残りの80％のユーザーはそんなに使っていないのだ。

最新のデータによると、主要SNSの月間アクティブユーザー（月に1回以上使うユーザー）は以下の通り。

・ツイッター：4500万人（2017年10月現在）
・フェイスブック：2800万人（2017年9月現在）
・インスタグラム：2000万人（2017年10月現在）

これらの総利用時間の80％をたった20％のヘビーユーザーが占有している。一番多いツイッターで言うと20％とは900万人だ。たった900万人が、ツイッター総利用時間全体の80％を消費しているのである。

日本の総人口は2016年10月で1億2693万人。15歳以上に限るとしても1億1091万人だ。

そのうちのたった900万人である。総人口の約8％。**残りの92％である1億1793万人にはツイッター上の話題もバズも届きにくい**と言っていい。つまり、単に「拡散を狙うバズ」

は、効果が限定的だということだ。いわゆるバズ・キャンペーンは（ただでさえ情報が多すぎてスルーされる世の中で）、思ったより効果を上げていないことが多いのである。

そういう意味において、現時点でのSNSは「リーチ量を上げるメディア」ではなく、「リーチ質を上げるメディア」と捉えたほうがいいと思う。不特定多数への拡散としてはまだ弱いメディアだが（テレビのほうがずっと強い）、それよりも、企業とファンとのつながりを強くする、または（3）で述べる「ファンから類友へのオーガニックなオススメ」に活用される時などにはとても有効なメディアなのである。つまり、**SNSこそファンベースで活かすべきだ。**

SNSを率先して使っている22%のヘビーユーザーは発信力が高く、商品を友人に広めてくれるタイプの人でもある（いわゆるイノベーターやアーリーアダプターである）。彼らがもし商品の「ファン」なら、周りへの影響力は計り知れない。

### ▼（余談）「東京は別の国」

ちなみに日本には、SNSだけでなく、ネット自体をあまり活用していない人が意外と多いことに少しだけ触れておきたい。

図14はヤフーが発表した「都道府県別　人口あたりの検索数」であるが、びっくりすることに、**検索を活用している人はほぼ東京に一極集中している。**拙著『明日のプランニング』でも、

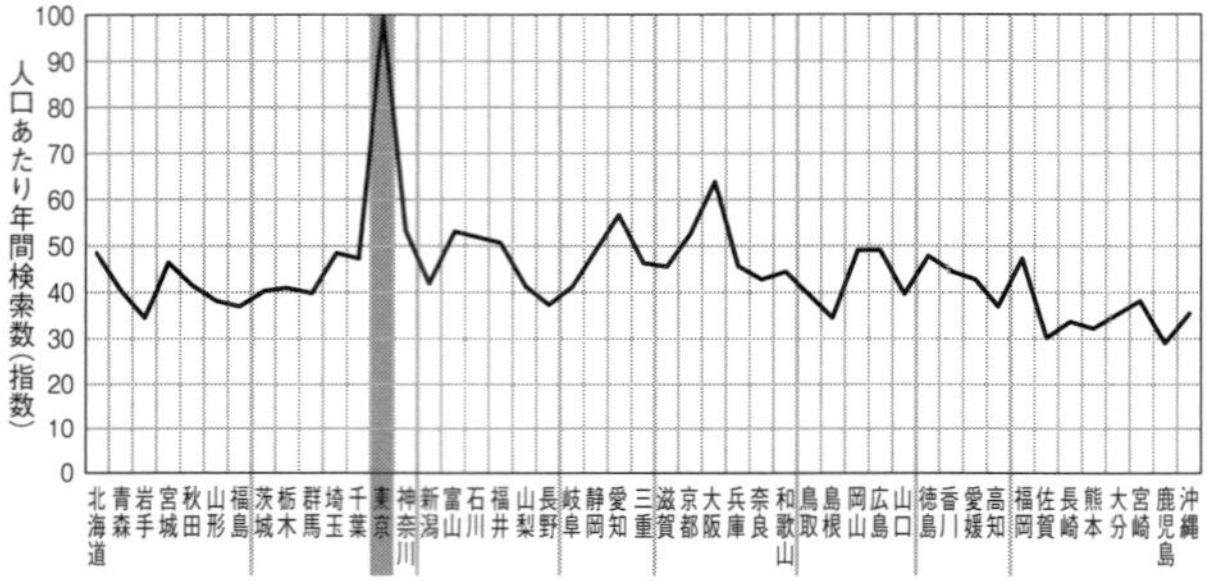


資料：Yahoo! 検索データ（2015年1～12月、PCのみ）

**図14　都道府県別　人口あたりの検索数**

月に一回も検索しない人が約7500万人いるというデータを紹介したが、「検索して情報を取りに行く」という行動をする人は、日本では意外と少なく、しかも東京に集中しているのである。

検索を活用していない人も、ネットを使っていないわけではない。メールやLINEやソーシャルゲームなどは使っている。でも、ネット上の情報を活用するような利用の仕方はあまりしていないのである。

スマートフォン（スマホ）もそうだ。東京なんかにいると「もう国民全員がスマホ使ってるんじゃない？」ってくらいスマホだらけに感じるが、思ったより利用者は多くない。

スマホの利用者数は2017年上半期で6193万人（ニールセン「Digital Trends 2017 上半期」より）。この調査は18歳以上の数値なので実際にはもう少し多いとは思うが、でも、日本全体ではまだこの程度なのである。しかも65ページの図13でわかるように、ヘビーユーザーはそのうちの20％。1238万人程度である。

もちろん今後、SNSも検索もスマホも普及は進むだろうが、よく使っている人から見ると信じられないくらい、意外と活用されていない、ということだ。

特に東京で仕事をしているマーケターやプランナーはその辺に無自覚で、「みんないつも検索してるしSNSも使ってる。時代は当然スマホ」とか思っている人が多いが、日本全国に視野を広げると全然そんなことはないと注意したほうがいい。**東京は別の国**なのだ。

ちなみに、ネットをあまり活用していない人はどういう生活をしているだろう。周囲の使わない人、祖父母とか両親とか上司とか、を想像してみてほしい。彼らは別に仙人みたいにメディアに触れない生活をしているわけではなく、単にネット普及以前、いわゆるマスメディア全盛のころの生活をしているだけである。

つまり、**テレビなどのマスメディアを中心とした「従来型のキャンペーン」が効きやすい、**ということだ。

もちろん、時代的な変化に彼らも晒されている。人口急減やウルトラ高齢社会などについては大都市以外のほうが深刻な状況だろう。だから新規顧客としては急減している。ただ、マス・キャンペーンがまだ届きやすい状況にはある。

それを逆手にとって、マス・キャンペーンを主に地方で実行し、都市圏ではやらないという手はわりと有効だ。特にテレビCMは地方のほうが放映料金が圧倒的に安いので、その分予算が余る。その余った分を都市圏および地方のファンに向けたファンベース施策に回すのである。この辺は第五章でもちらりと触れる。

以上（最後に余談を少ししたが）、3つの観点から、「新規顧客の獲得を目的とした短期・単発施策が効きにくくなった理由」を書いてきた。この変化をシビアに受け止める必要があるわけだが、書いていて「そりゃ効きにくくもなるわけだ」と素直に思う。

そして、それぞれに書いたように、ファンベースという考え方は相対的に重要度を増している。いや、相対的なだけでなく、絶対的な重要度も増している。ファンこそが「新たなファン」（往々にしてそれは新規顧客でもある）を作ってくれるという事実である。こんな過酷な状況下だからこそ、その重要度が注目される。次の（3）では、そこを考えてみたいと思う。

## （3）ファンが新たなファンを作ってくれるから

## 友人のオススメほど強いものはない

ボクはそれなりに歌舞伎好きである。年に1〜2回程度ではあるが、もう20年くらいは観に行っている。

でも市川猿之助の『スーパー歌舞伎Ⅱ　ワンピース』に行くつもりはまったくなかった。原作の漫画『ワンピース』は最新刊まで読んでいる。だからこそ、あの名作を歌舞伎にするなんて痛すぎると思っていた。悪くなることはあっても良くなることはないだろう。

なので、宣伝ポスターを見ても、PR記事を読んでも、知らない人がツイッターで褒めていても、すべてスルーしていた。行く気もなかったし興味もなかった。猿之助は好きだけど、そこにお金を使うくらいなら他に使うぜと思っていた。友人が激賞するまでは。

そう、友人がSNS上でワンピース歌舞伎を激賞したのである。「これぞエンタメ頂上決戦！」「すぐ観に行け！」「できれば一番高い席で見ろ！」「見逃すと人生の損！」「私を信じろ！」と、心からの言葉で推奨してあった。

ボクは激しく心を動かされ、次の瞬間、サイトに飛んでポチッと購入ボタンを押した。一番高い席がまだ数席空いていたのでその友人を信じてエイヤっと買ったのである。

結果、本当に「見逃すと人生の損！」であった。世界のエンタメの頂上だと思ったし、ボクもSNSに激賞投稿をした。新規顧客になるはずもなかった人間がいきなりファン側に回ったのである。

もうこうなるとほとんど宣伝部員である。友人に会うたびに「ねぇ、あれ観た？　え、まだ？　すぐ行け！　信じろ！」と強く薦めた。そして、ボクのセンスを信頼してくれている何十人もの「ワンピースを歌舞伎で？」という疑念を持っていた友人が、実際に観に行った。東京公演の席が取れず、大阪公演や福岡公演まで追いかけた人もいたくらいである。みんな「本当に観てよかった！」「見逃さなくてよかった！」と感動メッセージを送ってくれた。

## 価値観が近い人が愛用しているモノは自分も愛用する可能性が高い

世の中に商品や情報やエンタメが溢れかえっている今、「自分にぴったりの商品」や「まさに今の自分に有益な情報」や「自分のツボにはまるエンタメ」にいったいどうやって出会えばいいのだろう。

検索しても、自分のツボにはまる歌舞伎なんて出てこない。ポスターで見てもSNSのタイムラインに上がってきても、自分の趣味に合うかどうかなんて全然わからない。

でも、友人が薦めるなら話は別だ。

なぜなら、**友人とは「価値観が近い人」**だからである。

**価値観が近い友人がツボにはまるコンテンツは自分もツボにはまる可能性が高いし、価値観が近い友人が愛用しているモノは自分も愛用する可能性が高いし、価値観が近い友人が熱中するコトは自分も熱中する可能性が高い**からだ。世の中に様々な情報が砂嵐のように吹きすさぶ今、こんなにありがたいものがあるだろうか。

もちろん、昔からクチコミの威力はずっと語られてきた。そりゃ実際に買った人、体験した人の言葉は強い。「自分に都合のいいこと」しか言わない企業発信の広告よりずっと説得力あるし、その商品の本当の姿もよくわかる。

でも、その威力と重要度が、今ほど重要になっている時代はない。

逆に言うと、今ほど「企業からの都合のいい一方的な情報」が受け取られにくい時代はないということだ。特に価値観が近い友人からの推奨にかなうものはない。

**類友は最強メディア**

「え～？　友人が必ずしも価値観が近いわけじゃないよ」と言うなら、友人のうちの、特に「**類友**」に注目しよう。類は友を呼ぶ、の類友である。

大変示唆に富んだ必読本『ウェブはグループで進化する』（ポール・アダムス著・日経BP社）では「類は友を呼ぶ」についてこう書いている。

「ソーシャルウェブの登場により、多種多様な人々と交流することが可能になった」という考えを抱いてしまうかもしれない。しかし実際は、**私たちは自分に似た人々としか交流していない。これは「ホモフィリー（同類を好む傾向）」と呼ばれ、さまざまな角度から研究されてきた現象であり、ソーシャルネットワークにおける基本的な構造のひとつ**である。（注・太字は筆者）

この本で「人のつながり」に深く触れていく枚数はないが（興味ある方は『ウェブはグループで進化する』を読むことをまずオススメする）、人は、類友＝「強いつながり（強い紐帯）」の人（5〜15人程度）と、そこに準ずる「弱いつながり（弱い紐帯）」の人（50〜500人程度）とつながって生きている。

あなたの周りには必ず類友（強いつながりの人）がいる。あなたの価値観の変化によって年々入れ替わっていくが、必ずいる。彼ら彼女らは同類だから話もしやすいし趣味も合う。だからその言葉には耳を傾ける。**類友の体験や意見は、自分にとって役に立つ確率がとても高い**からだ。

だから、ある商品を類友が「自分の言葉」で（言わされたのではない本音の言葉で）褒めていたら、まったく関心ない商品だとしても「へー、それ良さそうかも」と心を動かされる。自分が顧客になると思っていなかった商品でも、ちょっと気になっていたけど手を伸ばさなかった商品でも、すっとその存在が心に入ってくる。

ボクも、当時の類友がワンピース歌舞伎を「自分の言葉」で激賞していたから、行くつもりもまったくなかったのに「あいつがそこまで言うならさぞかしすごいんだろう」と素直にチケットを購入した。

歌舞伎に限らず、身の回りを見渡してみると、自分の判断で買った商品より類友の推奨で買った商品のほうが多いくらいである。そのくらいこの時代に「自分に合う商品」に出会う確率は下がっている。そもそも情報が多すぎて届かない上に、選べないほど商品も多く、わけがわからないからである。

その意味において、**価値観が近い類友は、テレビやネットを凌ぐ最強メディア**と言ってもいいし、類友の実体験による「自分の言葉」は、この過酷な情報環境において、超貴重な情報源なのである。

## ファンは周りの類友をファンにしてくれる

この「自分の言葉」を、「オーガニックな言葉」と呼ぶ。

オーガニック・フードなどで使われるオーガニック。オーガニック・フード＝自然食品、なので、自然な言葉、と訳してもいい。誰かに言わされたのではない、自分の中から出てきた言葉、心からの本音みたいなことだ。で、その「自分の言葉」が周りの類友や友人に届くことを**「オーガニック・リーチ」**と呼ぶ。

この、オーガニック・リーチこそが、情報や広告に飽き飽きしている生活者に「最強に届く（リーチする）方法」だ。普通だったらスルーされがちな「企業からの都合のいい一方的な情報」も、類友のオーガニック・リーチとしてなら、スルーされずに受け取ってもらえる確率が高い。短期キャンペーンや単発施策も、類友から「こんなのやってるよ！」と伝わってくると、目や耳に入ってくるのである。

そして、その類友がファンとして熱く語ってくれたら、それは熱量を伴う分、脳みそに深く刻み込まれる。購入に至る可能性が非常に高くなるのみならず、類友と同じくファンになる確率も非常に高い。

特に、家、クルマ、大型家電など、購入する機会がなかなかやってこない＆高額な商品には、類友からの言葉が効く。めったに買うことがないものなので慎重になるし、決めるのに躊躇するくらい高いからである。価値観の近い人の言葉こそ必要だ。

しかも、**人は大好きなモノ、コトを、近しい類友に言いたくてたまらない。**

ファンは（熱量の多寡にかかわらず）周りにいる価値観が近い類友に、自分の好きな商品をオススメしたくなるものなのだ。「ねえ、この商品、キミにもぴったりだと思うよ！」とオススメしたがるのである。そしてその影響力は絶大だ。

要するに「**ファンは周りの類友をファンにしてくれる**」のである。

あとは「どうやってファンが周りに言いたくなるようにするか」である。いくらファンと言えども、何の脈絡もなく「この商品、大好きなんだよねー！　絶対のオススメ！」とか突然言い出すことはない。それじゃ単なる変人だ。

**ファンがオーガニックなオススメをするきっかけを作る。言いたくなるような状況を作る。言いやすくなるような環境を作る。**

ファンベースにおいてそこがとても大切になってくる。これがいわゆる「ファンベース施策」であり、第三章と第四章でくわしく書いていく。

**ファンはSNSだけでなく、リアルでも自分の大好きなものを類友に言いたがる**

人は自分の好きなもの、気に入ったものを類友に言いたくなる。

これはSNSに限らない。いや、SNSにわざわざ商品のことを書く人は実はそんなに多くなくて（自信を持つと書いてくれるようになるのだが、それは第三章で述べる）、それよりもリアルな（対面での）友人関係でしゃべってくれることのほうが多い。

カフェや居酒屋でのちょっとした会話の中でとか、一緒に電車に乗っている時とか、コンビニに数人で買い物に行った時とかに、気軽に話せるからだ。そしてそれは類友からのオーガニックなオススメとして確実に相手の脳みそに残っていく。

この、ファンがオーガニックに周りの類友にオススメしてくれるサイクルは自走式だ。勝手に広がっていくし、企業が無理に言わせることはできない。コントロールできるものではない。

ただ、第三章で書いていくように、**この自走式サイクルが回るきっかけや状況や環境を作ることはできる。**ファンがオーガニックなオススメをするきっかけを作れば作るほど、言いたくなるような状況を作れば作るほど、言いやすくなるような環境を作れば作るほど、彼ら彼女らは類友にオーガニックなオススメを言ってくれるようになるだろう。

そしてその類友もまた周りの類友に言ってくれるようになるであろう。そういう自走式サイクルを中長期で作っていくことは、ブランドや商品が売れ続けることにつながっていくのである。

**少数のファンからでも「類友や友人のつながりの連鎖」で広がっていく**

そうは言っても、業績の責任を負う人ほど、どうしてもこう考えてしまう。

「ファンが周りの類友をファンにするのはわかった。でも、少数のファンからそんな数人ずつ広がっても、売上に影響出ないよね」

まず、パレートの法則を思い出してほしい。売上の大半を支えている20％のファンが、自らファンを（少しずつだとしても）増やしてくれるのである。これは売上に直結するありがたい動きだし、それをサポートするファンベース施策を地道にやることで、その動きは加速する。

第一、その20％のファンと言えども、ライフステージの変化でどうしても減っていく（亡くなったり価値観が変化したりも含めて）。放っておいていいということは絶対にない。ファンベース施策は必須になる。

また、「そんな数人ずつ広がっても」と思うかもしれないが、意外とそうでもない。少数からでも素早く大きく広がっていく。

図15でクチコミの構造を解説してみよう。

例えば中心に（たった）100人のファンがいるとして、彼ら彼女らは類友に商品のことを言いたくて仕方がない。それぞれが10人の類友（前出の強いつながり：5〜15人）にオススメするとすると、それは1000人に強いオーガニック・リーチとして伝わる。それがまたそれぞれ10人の類友に伝えるとすると、すぐ1万人に達する。非常に影響力が強いオーガニックな言葉が、100人からあっという間に1万人に広がるのである。これはリアルでもSNSでも一

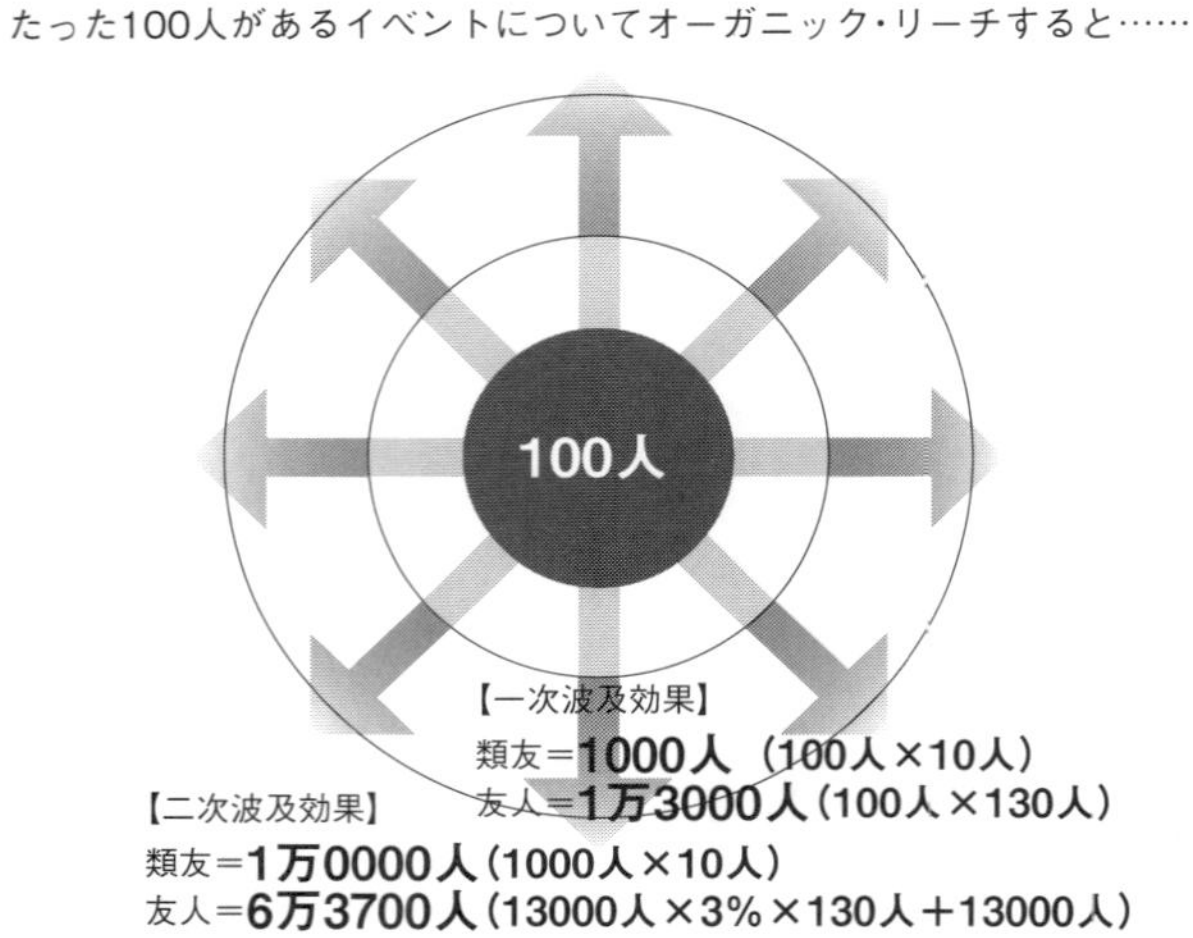


図 15

緒である。

これを友人（弱いつながり：50〜500人）まで広げると、中心にいるファンからのオーガニックな投稿は、例えば実名登録が多いフェイスブックなら130人（フェイスブック発表による世界平均の友人承認数）の友人（含む類友）に伝わる（フェイスブックは仕様を頻繁に変えるのでそうとは限らない場合もあるが）。つまり、100人×130人＝1万3000人である。

仮にその3％の人がオーガニックに（本音で賛同して）シェアしたなら、理論上は6万3700人にオーガニック・リーチすることになる。ここまでたった数秒から数分。長くても数十分で辿り着くスピードだ。で、その6万3700人のうちの3％がシェアしてくれたとすると31万2130人。そのうちの3％がまたシェアしてくれたとすると約153万人……と、広がっていくのである。

もちろんこれはSNSを活用している生活者の場合であり、理論上の数値でもある。リアルだと広がりはもう少し小さく遅いだろう。

ただ、言いたいことは、**たった100人のファンが母数だったとしても、「類友や友人のつながり」の連鎖で、あっという間に数万、数十万、数百万と広がっていく可能性がある**ということだ。しかも企業から一方的に送りつける広告と違って、信頼できる友人や類友からの言葉（図16※）として伝わっていくのである。これが売上に影響を及ぼさないわけがない。

※図16は信頼される情報源の図であるが、有名人や著名なオンラインインフルエンサーの言葉より圧倒的に「家族や友人」という「価値観の近い人」が信頼されていることに注目してほしい。有名人やインフルエンサーの言葉は興味は持たれやすいが、信頼度では「強いつながり」に全然かなわないのである。

## BtoBでもファンからのオススメが効く

ファンというと、BtoC（Business to Consumer）のものだろうと思われるかもしれないが、

**家族や友人が最も信頼されている**

日本における各著者やコンテンツ制作者が、ソーシャルネットワーキングサイト、コンテンツ共有サイト、オンライン版のみのニュースや情報源に投稿した情報に対する信頼度（%）

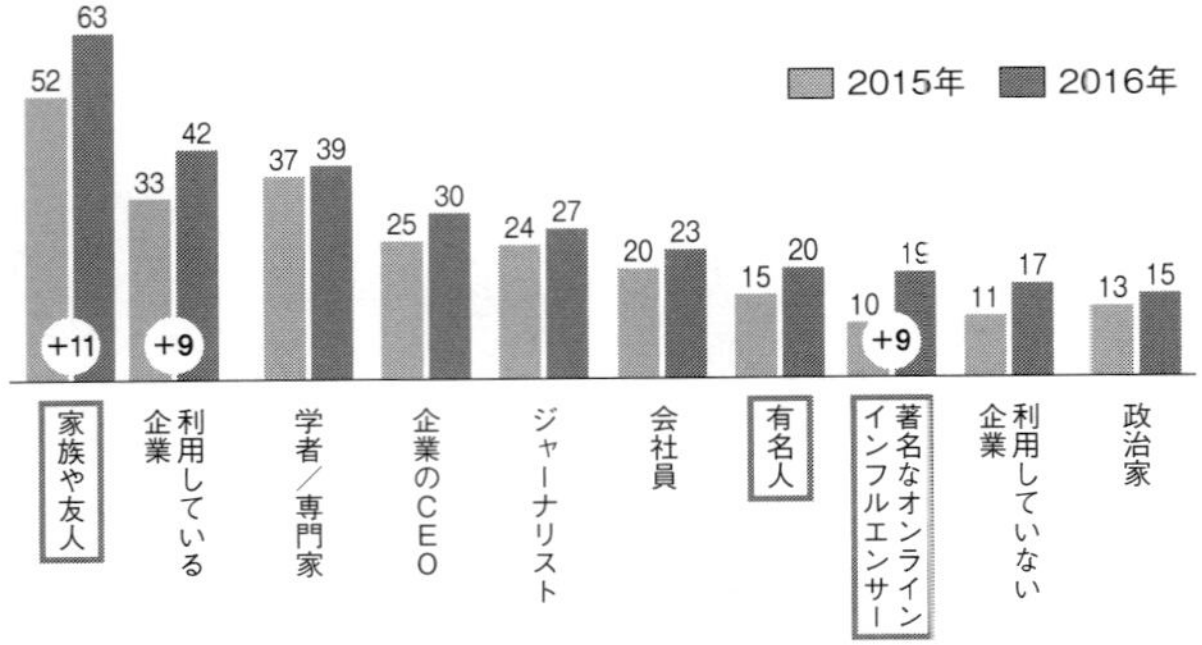


出典：2016エデルマン・トラスト・バロメーター日本調査結果

図 16

実はファンからのオーガニックなオススメはBtoBでも同じように効く。BtoBの場合、決裁者や担当者がキーパーソンになるわけだが、彼らはすでに導入している企業からその評判を聞いて大きく影響を受けている。

一般的には「同業者はライバル同士なんだから、どこの製品を導入していて、それがどういう結果をもたらしているかなど他社に漏らさないだろう」と思われがちだが、全然そんなことはない。担当者同士、普通に横でつながっていることのほうが多いし、一緒に勉強会すら頻繁に開いている。逆にBtoB業界のほうが情報交換に熱心なくらいである。

しかも、BtoB業界は、パレートの法則がかなり当てはまる業界でもある。第三章以降のファンベース施策は、BtoC的な視点から書いているものが多いが、ぜひBtoBに応用するような気持ちで読んでいただきたいと思う。

以上、ファンが「新たなファン」を作ってくれる理由と仕組みを分析してみた。ファンがファンを呼び、ファンを自走式に増やし続けてくれること。こういう状態に持っていくことは、ファンベースのゴールでもある。

ファンベース的な考え方は、一般的には「顧客維持」に有効だと考えられていると思うし、確かにそういう面も大きい。が、ここまで書いてきたように**「新規顧客の獲得」にも強い効果を上げるし、類友・友人への影響力という意味では最強ですらある。**新規顧客獲得が加速度をつけて難しくなっていくこの時代、ファンベースの重要度は日に日に増していっているのである。

そういう意味で、短期施策や単発施策の予算が少ない企業や、事業規模が小さな企業、地域とのつながりの中で展開している企業、ブランド力が強い企業、コアファンがすでに多くいる企業やできやすいタイプの商品を持っている企業などは、**今いるファンに注力し、中長期ファンベース施策だけで展開していくことも可能だ**と思うし、有効だと思う。

ただ、第一章の31ページで書いたとおり、短期・単発施策が必要な企業が多いこともまた確かである。

全国的に展開する大規模な企業の場合、一気に認知を広げる短期キャンペーンなどの必要性もまだまだあるだろう。また、まだファンがいない無名の新商品や、ファンがオーガニックなオススメがしにくいコンプレックス商材※などは、ファンベース施策のみでは難しい場合もある。

※コンプレックス商材とは生活者の劣等感に訴求する商品のことで、痩身とか美顔とか豊胸とか増毛とか、様々な分野で展開される。これらの商品は、場合と性格にもよるが、使用しているファンも「これ大好きなんだよね〜」などと類友にすら言いにくい。なのでファンベースは難しいと考えられがちだが、ただ、ファン自身がオーガニックに言いにくくても、両親や家族など「相手の心の襞に触れられる人」が本人にオーガニックに薦めてくれると、それは強い影響力をもって伝わっていく。つまり「伝えたい相手」をそちらに変えて、両親や家族などをファンにしていくファンベース施策を打つのは有効だ。また、第三章以下で述べていくファンベース施策は「環境を整える」という面も大きいので、本人のその商品に対する好意を上げていくことは十分可能である。

このような場合、短期・単発施策で不特定多数にリーチするほうが効果的だと思うが、そうは言っても第一章で書いたように、短期・単発施策だけではどんどん困難になってきている。その際の短期・単発施策の作り方などは、拙著『明日のプランニング』を参照していただければと思う。また、短期・単発施策と中長期ファンベース施策の組み合わせ方については、第五章で書いていく。

が、その前に、次の第三章と第四章で、具体的なファンベース施策について展開してみたい。いったいどんな方法やアプローチがあるのか、それを実際に知っていただいた上で、短期・単発施策との組み合わせ方に触れていきたいと思う。

第三章

# ファンの支持を強くする3つのアプローチ〜共感・愛着・信頼

## この章のポイント

ファンとは全体の20％くらいの少数である。その少数のファンの支持を強くして、LTVをじわじわ上げていく施策がファンベース施策である。そのためには「共感」「愛着」「信頼」の3つのアプローチがある。そして、これらの施策を打つことは、短期・単発施策などで「ファンの入り口に立った人」をファンに育てることにもつながっていく。

## ファンとは少数であり、全体の20％くらいである

さて、ここから具体的なファンベース施策に言及していくわけだが、最初にひとつ注意を促したい。

41ページでも少し触れたが、**ファンとは少数**なのである。

「パレートの法則」がだいたい正しいことを前提にするが、ファンは買ってくれた人の20％くらいだったりするわけだ。5人買ってくれたらそのうちの1人がファンになってくれる人なのである。つまり、少数派だ。その少数派である20％を大切にし、作り育てるのがファンベースなのである。

そして、**ファンベース施策のとき一番間違えがちなのは「全員にファンになってもらいたい」と望んでしまうこと**だ。

もちろんみんなに愛されたい。もともと「生活者の課題解決」を志して開発された商品だ。全員の課題を解決したい。その気持ちはよくわかる。みんなに愛用してほしいですよね。でも、残念ながらそれは無理だ。世の中にはいろんな価値観の人がいる。ライバル社のほうが好きという人もどうしても、いる。

例えば、中学のクラスを思い出してもらいたい。あなたが「価値観近いなぁ」「なんか気が

合うなぁ」と親しく思ったのは、ほんの数人ではなかったですか？　まぁ人によるとは思うけど、例えば40人クラスで10人いなかったのではないですか？

ボクの感覚では、パレートの法則ではないが、やっぱり20％くらい（40人クラスだと8人）。もっとすごく気が合って親友になる人は、20％の中の20％、つまり、だいたい4％（40人クラスだと2人弱）くらいかと思う。

大切にしている価値を支持してくれるファンも、だいたいそんなものだと思う。前者が**ファンで20％**くらい。後者が**コアファンで4％**くらい。

そう、少ないのだ。商品ジャンルにもよるし、図7の飲料のように、施策やブランド力などで40％くらいをファンにしている場合もある。でも、たいていはかなり少ないと言えるだろう。

逆に言うと、クラス全員に好かれようと行動すると、本当に気が合う人が見つからないし、すでに濃い仲間がいる場合はその仲間たちが離れていくだろう。つまり「**全員をファンにしよう」とするとファンができにくいし、今いるファンが離れる場合もある**ということだ。

経験上、特にメーカーの人は、商品を愛するあまり「**商品を買ってくれた人＝すべてがファン」と考えがちな人が多い**。くり返すが、ファンは買ってくれた人の20％くらいである。ファンベースの基本となる部分なので、これからも何度かくり返す。

## 少数のファンの支持を強くするためには

ではその少数に好いてもらうためにはどうすればいいだろう。「大切にしている価値」に対する彼らの支持を強くすることが必要だ。そのためには、次の3つが必要だと考える。

**ファンの支持を強くするための3カ条**
**・その価値自体を、アップさせること**
**・その価値を、他に代えがたいものにすること**
**・その価値の提供元の評価・評判を、アップさせること**

このままだと概念的なので、わかりやすい例で考えてみたい。

例えば、あるカフェが「我が家みたいにくつろげる」という価値を大切にしているとする。

では、この店に通ってくる常連さんの支持はどうすれば強くすることができるだろう。

まず「我が家みたいにくつろげる」という価値自体を上げる必要がある。

その価値にしっくりきて「あぁ、こういう感じ好きだなぁ」と共感して通ってくれる常連さんの意見をきっちり傾聴し、改良・改善を加え、彼らをより喜ばせることが必要だ。つまり常連さんの身になって、彼らの、**その価値に対する「共感」を強くする**必要がある。

次に、その、「我が家みたいにくつろげる」という「他店でも得られそうな価値」を、あなたの店だけの特別な体験に変えることだ。

「我が家みたいにくつろげる」という価値は他店でも提供できる。その価値を体験したい顧客にとってはどの店でも良いわけだ。ましてや他店にその価値をマネされ（追随され）、付加価値をつけられたりするとそちらに移ってしまうだろう。

だから、なるべく早く、それを「あなたの店だけの特別な体験にする」のである。そのためには「他に代えがたい」という感情をもってもらう必要がある。他の店じゃダメ、あなたの店じゃなきゃダメ、と思ってもらう。それが「愛着」という感情だ。つまり、**他に代えがたい、そんな「愛着」を強くする**必要がある。

最後に、その価値を提供しているあなた自身の評価・評判を上げないといけない。

どんなに提供価値が素晴らしくても、提供元（店のオーナーやシェフ、従業員）の評価や評判が悪かったら、客自体も離れるだろうし、信じて通っている常連さん自身の評価・評判も「あんな人がやっている店に通っているやつ」と下げることになる。

逆に、それらが上がると、評判のいいあなたが提供する「我が家みたいにくつろげる」という価値も重要視され、それはその価値を大切にする常連さんの喜びにもつながる。評価・評判は一朝一夕にはできない。日々の行動や努力で積み重ねた「信頼」が必要だ。**様々な積み重ねによってお客さんとの間にできあがる「信頼」を強くする**必要がある。

つまり、こういうことになる。

**ファンの支持を強くするための3カ条**

**・その価値自体を、アップさせること　↓「共感」を強くする**

**・その価値を、他に代えがたいものにすること　↓「愛着」を強くする**

**・その価値の提供元の評価・評判を、アップさせること　↓「信頼」を強くする**

この3つを地道に強くしていくことが重要だということだ。

**イメージとしては「常連さん」を考えるとわかりやすい**

さて、右でカフェの常連さんを例にしたが、ファン施策を具体的に考えていくときに、「ファン＝常連さん」とイメージするとわかりやすいので、このまま少し続けてみたい。

ファンベース施策とは、**あなたの店の常連さんを大切にし、彼らのLTVを上げていくこと。そして、常連さんを新たに作り少しずつ増やしていくこと、**である。

常連さんは少数だ。友人に何人かカフェやバーをやっている人がいるが、どの人に尋ねても「常連さんは10%から30%くらい」と口を揃える。そして、その常連さんたちが売上の80%くらいを上げる大黒柱であることも共通している。あなたの店が大切にする価値を支持し、気に入って通ってくれて、喜んでお金を払ってくれる人はだいたい20%くらいの少数派なのだ。

逆に、あらゆる人に好かれるように、店の内装を変え料理を変えサービスを変えとかしていると、あなたの店の「価値」が大好きで通っていた常連さんたちは離れていくだろう。店は浮気者の浮動層で一瞬は賑わうが、そのうち他店との安値合戦に巻き込まれ、疲弊し消耗し、衰退していくだろう。

全員に好かれようとすると全員を失う。常連さんこそが大切な時代なのである。

## 具体的にどうやって常連さんを大切にし、作り、増やしていくのか

図17は、伝えたい相手別にアプローチを考えていったものだ。

プランニングのときに重要なのは、まず「伝えたい相手は誰か」を考えること。そのために、伝えたい相手別に縦に並べて、どのフェーズでどうアプローチしていくかをまとめてみた。

ファンベースにおいて中心に考えないといけないのは「今、通ってくれている常連さん」である。開店したてならいざ知らず、しばらく地道にやっていると、必ず「ここ、いい店だな

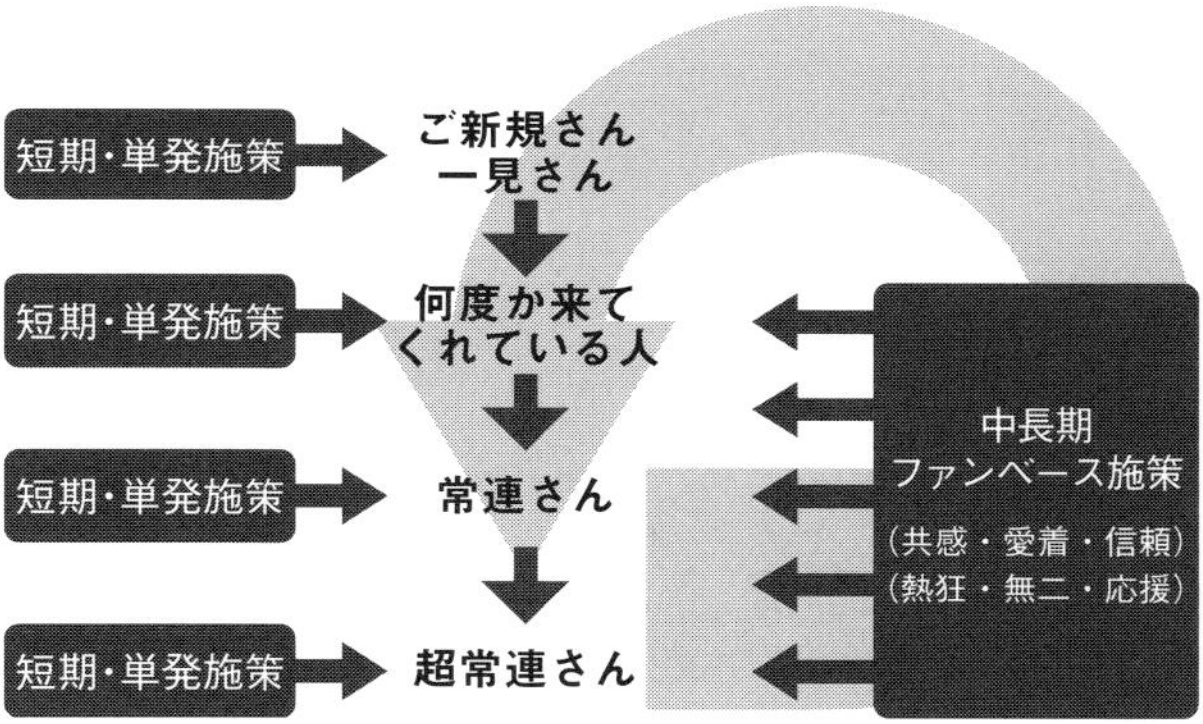


図 17

ぁ」と気に入って通ってくれる人が出てくる。それが常連さんだ。

**約20％前後いるはずの彼らに常連さんであり続けてもらうこと。そして彼らと関係性を深め、もっと来てもらうこと（LTVを上げること）。これが一番重要な施策になる。**

次に重要なのは、**そうしてより深い関係性になった常連さんの中からごく少数を「超常連さん」にし、彼ら彼女らを大切にしてLTVを上げていくこと**である。この2つだけでも店の収益は安定的に伸びていくだろう。

ただ、店の拡大や、より大きな売上を狙っているなら、「新たな常連さんをつくり、増やす」というアプローチも必要だ。これには2つの段階がある。まだその店に来たことがない「ご新規さん・一見さん」に来てもらうためのアプローチと、何度か来てくれた人をもうひと押しして常連さんに育て上げていくアプローチだ。

つまり、図で言うと、上から、
・ご新規さん・一見さん
・何度か来てくれている人
・常連さん
・超常連さん
と4つの「伝えたい相手」がいることになる。

そして、最初の「ご新規さん・一見さん」には短期・単発施策でのアプローチが中心となり(これまで書いてきたように効きにくくはなっているが)、後の3つには中長期ファンベース施策を中心に時間をかけてアプローチしていく。ただ、短期・単発施策は後の3つにも有効だ。例えばご新規さん・一見さんに向けたチラシのような短期・単発施策は、それがその店の価値をよく表しているものであれば、常連さんや超常連さんをも喜ばせ、支持を強くさせるだろう。

図のぐるりと丸い矢印は、オーガニック・リーチを表している。

常連さんや超常連さんが、ご新規さんや一見さんにお店を薦めてくれ、何度か連れてきてくれる。そして常連さんに育ててくれる。これが第二章で言うところの「ファンが新たなファンを作ってくれる」過程となる。

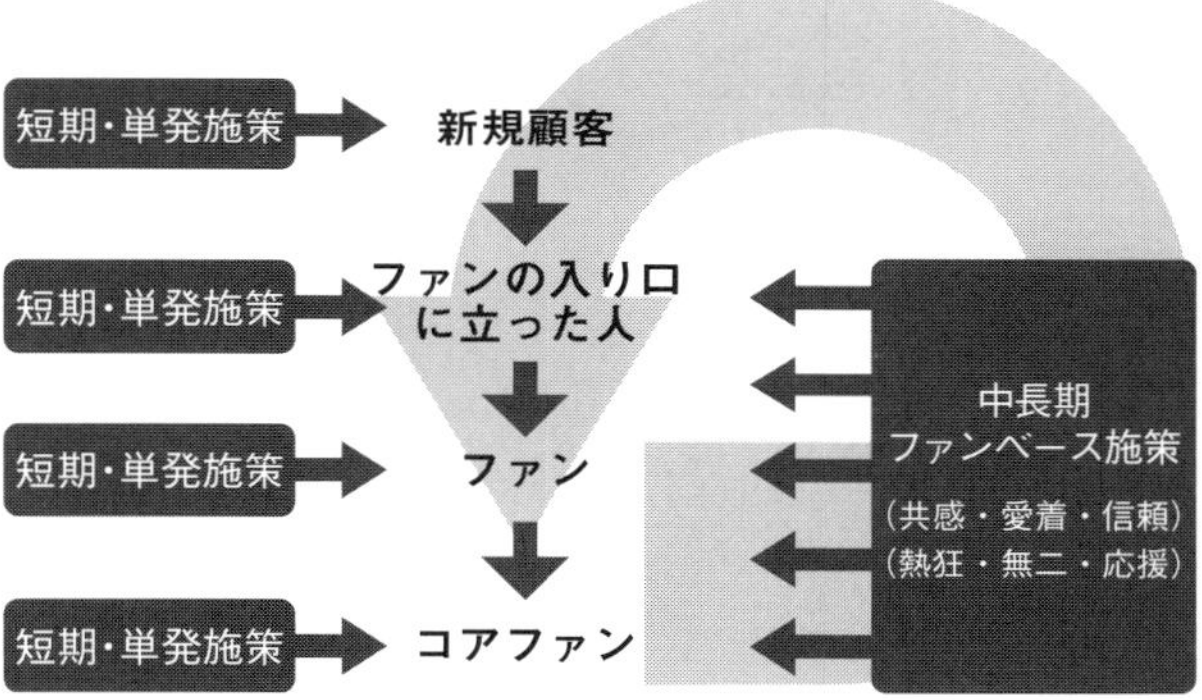


図18

イメージしやすいので常連さんの比喩で引っ張ったが、ファンに言葉を戻して一般化すると図18になる。

## 中長期ファンベース施策は大きく2つ

この4つの「伝えたい相手」をふまえて施策を考えると、中長期ファンベース施策は大きく2つに分けられる。

**・ファンの支持を強くする3つのアプローチ**

ファンのLTVを上げ、新たなファンも育てていく「共感・愛着・信頼」施策

**・ファンの支持をより強くする3つのアップグレード**

ファンをコアファンにし、さらにLTVを上げていく「熱狂・無二・応援」施策

前者は、基本「すでにファンな人」のための施策である。ただ、その施策は、企業やブランド、商品が大切にしている「価値」を高めるので、すでにその価値に好意を持ち始めている「ファンの入り口に立った人（ファン候補であり潜在ファンでもある）」にも響く。そして彼らを新たなファンにしていく。なので、この章で一緒に説明したい。

具体的には「共感」と「愛着」と「信頼」をそれぞれ強めていく施策である。

図19がその一覧だ。

後者「ファンの支持をより強くする3つのアップグレード」は、すでにファンである人をより濃く熱いコアファンにしていくものだ。共感を「熱狂」に、愛着を「無二（唯一無二）」に、信頼を「応援」に、アップグレードしていく必要がある。これは第四章で説明していく。

では、まずは共感から具体的な施策を見ていこう。

## ファンの支持を強くする3つのアプローチ
### ファンのLTVを上げ、新たなファンも育てていく

**共感　愛着　信頼**

**共感**を強くする

A. ファンの言葉を傾聴し、フォーカスする
B. ファンであることに自信を持ってもらう
C. ファンを喜ばせる。新規顧客より優先する

**愛着**を強くする

D. 商品にストーリーやドラマを纏わせる
E. ファンとの接点を大切にし、改善する
F. ファンが参加できる場を増やし、活気づける

**信頼**を強くする

G. それは誠実なやり方か、自分に問いかける
H. 本業を細部まで見せ、丁寧に紹介する
I. 社員の信頼を大切にし「最強のファン」にする

図19

## 「共感」を強くする

### あなたの企業やブランド、商品が大切にしている「価値自体を上げる」

共感とは、平たく言うと「そうそう、それそれ！」と強く膝を打つような感情である。

ファンはすでに企業やブランド、商品が大切にしている価値に共感している。「そこだよね、そこ！」「こういうとこ、好きなんだよなぁ！」「さすが、よくわかってくれてる！」と強く首肯している。そういう共感ポイントを強化して、元々大切にしている価値自体を上げていくこと。それはファンの気持ちを離れさせないことにもつながるし、ＬＴＶアップにもつながる。

そしてその強化は、まだファンまでは行かないけどファンの入り口に立っている人に、その価値を気づかせもする。「あ、オレ、これ結構好きかも！」「あれ？　なんだか愛用しちゃいそうな予感！」「なんか最近、これ、しっくりくるんだよなぁ！」みたいな気づきを与える。

これがこの「共感を強くする」という項目である。

## あなたの企業は「大切にしている価値」をわかっているか

とはいえ、そもそも自分の企業・ブランド・商品が大切にしている価値とは何なのか、いまひとつ明確化されていない企業も多い。ミッションやビジョン、社是、創業者の言葉などにそのヒントがあるとしても、「ではそれこそが大切にしている価値なのか、ファンから支持されている価値なのか」と言われると自信が持てない場合もあるだろう。かと言って社内でプロジェクトチームを作ってそれを決め直したりしていると、なかなか前に進めない。また、今読んでくれているあなたの部署が決めていいことではないかもしれないし、それを全社的に明文化するのに数年かかるような場合だってある。

なので、**明確化されていない企業の場合は、ファンの言葉を傾聴することを出発点にすることをオススメしたい。**

「どうやら『このような価値を大切にしている人』が、ファンになってくれている」という事実から逆算して、「あなたの企業やブランド、商品が大切にしている価値」を考え、絞っていく、というやり方だ。

次頁の一覧で言うとAの傾聴がスタートラインだ。そして、B、Cと進むに従い、より明確化されてくることだろう。それを全社的に共有することで、「大切にしている価値」もまた共有される。このアプローチは（正攻法ではないが）オススメだ。

**A　ファンの言葉を傾聴し、フォーカスする**（↓Ｐ１０３）

ファンの言葉の中に、企業がまだ気づいていない「共感ポイント」がたくさん隠されている。それをくわしく知ることはファンベースの出発点だ。そこに焦点を当てて改良・改善していくことで「価値」はより高まっていく。

**B　ファンであることに自信を持ってもらう**（↓Ｐ１１４）

ファンは意外と自信がない。なので、他のファンのオーガニックな言葉に触れやすいようにして、自分が支持している「価値」に自信を持ってもらうことが必要だ。それは共感を高め、ファンからのオーガニックなオススメを起こりやすくする。

**C　ファンを喜ばせる。新規顧客より優先する**（↓Ｐ１１９）

新規顧客ではなく、その「価値」を支持しているファンをいの一番に優先するという姿勢を明確に前面に押し出すこと。そしてファンをもてなし、喜ばせること。それはファンの共感を強め、価値への支持も強くする。

では、順番に見ていきたい。

**共感を強くする**

## A　ファンの言葉を傾聴し、フォーカスする

### ファンから愛される理由を知るための、大切な出発点

これは、ファンベース施策を考えるための前提とも言える大切な出発点である。あなたの企業やブランド、商品が大切にしている価値の「支持されているポイントはどこか」「共感されているポイントはどこか」「愛されているポイントはどこか」を、まずちゃんと知ろうということである。

それを知らないと、ファンにもっと好きになってもらいLTVを上げていく施策が打てないのだが、企業は意外とこれらのポイントを見逃していることが多い。企業本位・商品本位で他社動向や市場動向などを見て「このポイントが好かれるだろう」と発想することが多く、**ファン本位で「ファンたちが愛しているポイント」を見る習慣がまだないことが多い**からである。

アンケート調査やグループインタビュー調査からはファンの共感ポイントが見えにくいこともそれを助長している。なぜか。実はファン自身も「どこを愛しているか＝自分が支持してい

る価値は何なのか」がはっきりわかっているわけではないからである。だから調査で突っこんで質問してもぼんやりした答えしか返ってこない。

では、どうやって知っていくかというと、「ファン同士で会ってもらい、盛り上がってもらい、そのポイントを改めて発見してもらう」のである。つまり、ファンを一定数集めて話し合うファン・ミーティングが最適だ。

## ファン・ミーティングは、ファン同士が「愛している理由」を発見しあう場

同好の士が集まると盛り上がる。熱狂的なファン同士が集まるとより盛り上がる。

なぜ盛り上がるかというと、一般人とはできない「マニアックな話＝偏愛な話」ができ、しかも「わかる〜！　私もそこが好き！」とか「え！　そこが好きなんだ！　へ〜！」とか「そこ好きなの私だけかと思ってた！」みたいに、お互い発見しあうからである。

**この「偏愛」と「発見」こそ、ファン・ミーティングのポイント**だ。ここを理解しないと、商品リニューアルなどで、せっかくファンが支持していた偏愛ポイントを改悪してしまったりしてファンを失ったりする。

というか、ファン・ミーティングは宝の山なのだ。企業にとって有益なヒントがたくさん埋まっている。買ってくれた人の中の20％のファンが、どういう傾向があり、どんな話題で盛り

上がり、何を望んでいるか。これを知らずにファンベース施策は始まらない。企業はすべからくファン・ミーティングを行い、ファンに愛されている理由をしっかり知ったうえで、今後の具体的なファンベース施策の企画に役立てるべきなのである。

**ファンが一番喜ぶのは「支持している価値」のブレのない改善である**

どんなに一貫性があると思われる企業でも、その方向性が少しずつズレていくことがよくある。

例えば数多くのファンを抱えていたソニーはその典型的な例だろう。ソニーファンは多かった。ボクもそのひとりである。でも少しずつファンが離れていっていることにソニーは気がつかず、「ソニーが考えるソニーらしさ」を企業本位で追求していった。そして、いつしか「ファンが考えるソニーらしさ」を見失い、ファン本位で見ると改悪とも思える方向に進んでいった、と、ソニーファンのボクは思う。

で、長い間にファンたちの想いと完全にズレてしまい、せっかくファンと共に築いてきたブランドがいったん毀損されてしまったのだと思う。

時代は動いていく。価値観もまた時代とともに変化していく。だからこそ、**定期的にファン・ミーティングを開催してファンとの対話を増やし、ファンの（時代とともに動いていく）想**

いを知り、一緒に「価値」を変化・成長させていくことが大事なのである。

## ファン・ミーティングの実際

さて、では実際にどうやるのだろう。

「ファン」を具体的にイメージしてもらうために、特にページ数を割いて実際の進行例を書いてみたい。いきなりファン・ミーティングを始めるのが社内的にも予算的にもハードルが高い場合は、「社員の中でも熱量が高いファン」を集めて社内で実験的にスモールスタートするのもありだと思う（これについては第六章で触れる）。

まず、ファン・ミーティングをするためには、ファンを探してこなければいけない。サイトなどで公募するのが手っ取り早く思えるが、「ファンになりきっていない人」が興味本位で来てしまう場合があり、そうすると偏愛と発見が起こらない。その場合はちょっと面倒に思うくらいな量のアンケートを義務づけるなど、応募のハードルを上げて、よりファン度が高い人を集めるようにしたほうがいいだろう。

また、ファンに自主的に来てもらうために、自腹で来てもらうのも大事だ（お車代とかを出さない）。これは第四章の「身内」の部分にもつながる。

第二章で取り上げたカゴメは、ファン・ミーティングのために、那須塩原の工場までファンに自腹で来てもらった。しかも平日に、である（仕事は当然休むのだろう）。また、オーガニック・コットンを使用したタオルでファンが多い「イケウチオーガニック」は今治の本社までファンに自腹で来てもらった。ファンたちは全国から喜々として集まってくる。両者ともそういうハードルを越えて集まってくれる濃いファンを大切にしているのである。

他には、例えばすでに濃く盛り上がっているファン・コミュニティを持っているのならそこで募集するとか、NPS※の数値や購入金額、SNS投稿の内容で判断するなど、様々な抽出方法がある。

※NPSとは「Net Promoter Score」の略で、顧客の継続利用意向を知るための指標である。ファン度を測る指標と思ってもいい。第五章後半で詳述する。

ポイントは、**ファン・ミーティングに来るタイプの人は20％の少数であると意識することである**。その**20％をちゃんと探し出すこと**を心がけよう。

参加人数は、20人から、多くて50人くらいまでがアットホームに盛り上がり、意見もよく出る。それより多いと個人個人の意見が埋もれてしまう上に、単なるパーティーに終わってしまうことが多い（それはそれで第四章「無二」の項で説明していくような体験になったりはするのだが）。

以下は、典型的な進行例である。

・最初に企業側（商品担当者）からの挨拶と感謝の言葉

役職が高い人が出てくればくるほど「大切にされている」とファンは喜ぶ。

ただし、ファンはファンじゃない人を敏感に見分けるので、企業側も「その商品を本当に好きな人」を選ぶべきである。

これは司会役にも言える。プロのモデレーターを雇わず、社員の中でも偏愛の人が（多少たどたどしくても）等身大で司会をするほうが共感されるだろう。

そして、まず感謝を伝えること。「あなた方は一番大切な方々です」と伝えよう。

・商品に関するクイズ大会やトリビア大会

数人の班分けをして、それぞれにニックネームなどの名札を付けてもらい、自己紹介しあってもらう。その上で、その商品に関するクイズ大会やトリビア大会などをして座を温めるのがいいだろう。この過程で、同じ班同士、他のファンの偏愛度などを知ることができ、ファン同士の警戒・心の障壁が除かれていく。

・知られざる商品開発ストーリーや開発者の本音の話

ファンは、企業の人がびっくりするほど、開発担当者や製造担当者に会うのを喜ぶ。大好きな商品を開発・製造している人なのだ。スターを見るような目で見る人も多い。そして、その担当者による開発裏話や苦労話、ここだけの話などは特に大喜びする。ファンは内輪の話が聴けた「身内感」（第四章「熱狂」参照）に喜び、心を開いていく。

また、開発担当者や製造担当者も、実はファンと初めて触れあう人が多い。だからたいてい感激する。そういうファンとの直接のふれあいは、彼らの新商品開発のモチベーションを上げ、アイデアやヒントを得ることにもつながっていく。

**・ファン会議と発表**

班それぞれに、商品について「好きになったきっかけ」「一番好きなところ」「偏愛ポイント」「改善ポイント」などを時間をかけて話し合ってもらい、書きだしてもらう。最初に個別に書いてもらい、それを班内でそれぞれ発表してからディスカッションするほうがいい。これは放っておいても盛り上がる。このテーブルに企業の人が入ってもいい。ただし、企業側もなるべく偏愛の人を。

なお、このファン会議で出てくる言葉や意見は、広告制作や販促企画における宝の山である。また、次項Bにおける「ファンであることに自信を持ってもらう」にもつながる貴重な言葉でもある。なので、あらかじめ「このファン・ミーティングでの発言を広告に使ったりサイトに載せたりする可能性がある」というお断りにサインをもらっておくことを忘れずに。

**・開発者や現場の社員へのメッセージ**

研究・開発や工場での製造に関わっている人などへのメッセージをもらうと、よりファン度が増したりする。自分たちのメッセージが職場に貼られる、というのは、ファンにとってとてもうれしいことだし、それは社員自身のモチベーション・アップにもつながる（145ページの「信頼」にもつながる）。

**・ファン認定証を受け取ってもらう**

企業からすると「そんなもの欲しいのかな？」と疑問に思うだろうが、これもファンにはとても喜ばれる。企業から「あなたは公認のファンですよ」と認められるのは、自己承認された感覚になり、今後もまわりに（第四章で述べるアンバサダーのように）オーガニックなオススメをしてくれるようになるだろう。

**・思い出に残る記念撮影**

退出する前に、記念撮影を忘れないように。開発担当者や役員などとのツーショットも喜ばれる。また、友人に見せたりSNSに上げたくなるような、美しい商品ディスプレイとともに写る場なども、用意したほうが盛り上がるだろう。

右に書いたのは一例だが、他にも、新開発商品のサプライズお披露目や、特別な試食・試飲・試用、CMタレントなどのサプライズゲスト登場、工場や本社ビルでやる場合は特別見学ツアーなども喜ばれる。そしてそれが「忘れられない体験」になればなるほど、彼らのファン度は上がっていく（第四章「無二」の項参照）。

ただ、がんばって予算をかけたり、豪華に見せるために見栄を張ったりする必要はない。主催者側に熱量さえあれば、会社の会議室でやっても、工場の隅っこでやっても、いいファン・ミーティングになる。逆に手作り感溢れるほうがファンに受けるくらいである。ファン同士のリアルな「顔見にケーション」が目的なので、等身大でやったほうが親密に盛り上がることも多いのである。

### ファン・ミーティングの結果を活かす

ファン・ミーティングには、傾聴以外にもいろいろな効用がある。

まず、ファン同士が会うことで、ファンであることの自信につながる（↓次項B参照）。そしてファンへのもてなしにもつながる（↓次々項C参照）。

また、ファンは、このファン・ミーティング自体を類友たちにオーガニック・リーチしていくだろう。つまり「ファンが新たなファンを作ってくれる」ことにつながる重要な過程になる。

さらに、今後の様々なお知らせを（大勢に送るメルマガではなく）公認のファンたちに私信的に送るために、メールアドレスなどをもらっておくと、今後のファン・イベントなどの動員に活かせるだろう。ファン・ミーティングを終えたあと「またファン同士で集まりたい！」という言葉はわりと多く聞かれるものである。その気持ちを大事に、長いつきあいを続けていきたいところだ。ファン・ミーティングに参加したファンは今後長く「応援」してくれる心強い味方になるからである（第四章「応援」参照）。

企業側としては、**ファン・ミーティングを定期的かつ継続的にやってその結果を社内で共有し、いろいろ活かしていかないと意味がない。**ファンを一回もてなして満足してしまう企業がわりと多いのと、担当者が異動してしまってその流れが途切れる場合も多々ある。ファン・ミーティングはグループインタビュー調査ではない。ファンという支持母体と一緒に継続して価値を上げていく中長期的な過程であることを忘れてはならない。

ファンから傾聴した言葉を元に商品や施策を見直すのはすぐにでもやるべきことだ。特に**自社サイトの改善は重要**だ。ファンが求めている内容をきちんとサイトに載せているか、ファンたちが楽しむ場所が用意されているか、など、すぐにでも点検し、改善すべきだ。また、特定できたファンがその後、SNS上でどういう発言をし、その発言が類友たちにどういう影響を与えているかを追っていくのも重要だ。これは人力（ロボットなどではない人の目を使った確認）による追跡と評価がいる。SNS上でそういう人力サービスをしてくれる会社もあるので、利用するといいだろう。

なお、実際に実行してみた人たちにヒアリングすると、**「役員や上司などのキーパーソンに参加してもらうと、その後のファンベース施策が格段に進めやすくなる」**と言う人が多い。そういうキーパーソンがファンたちの熱量を目の当たりにして感動し、新規顧客ばかり見ていた視野が急にファンにフォーカスされることが多いのである。

また、ファンベース施策を今後行っていくときに連携するであろう部署の人にも参加してもらったほうがいい。報告書やビデオではこの熱量と感動はなかなか伝わらないからである。**社内の他部署を巻き込むきっかけとしてもファン・ミーティングは大切**なのだ。

加えて、モチベーションが上がったであろう開発者は、その時点でアイデアが頭の中で渦を巻いている。日常業務に頭が戻ってしまう前にアイデアを出しあい深めて、改善や新商品開発のタネにすべきである。

さらに、自分たちが時代からズレていっていないか、価値観がブレていっていないかも、確認したいところだ。定期的に20%のファンと会っていると、その変化が見えることがある。厳しい意見も多くもらえる。それらを謙虚に聴いて、方向性を見直そう。そしてそれは、不祥事のときの対応の参考にもなる（「信頼」の項参照）。

## B　ファンであることに自信を持ってもらう

### ファンは実は自信がない

この項目は意外と盲点であり、見過ごされていることが多い。ファンであることに自信を持ってもらう施策である。

何のこと？　って思われるかもしれない。でも、ファンって意外と不安に苛まれているのである。**「この商品が好きな自分ってイケテルのか」「この商品のファンって言って笑われないか」「この商品を友人に薦めても大丈夫か」など、意外と自信がない**のである。

自分の価値観や選択眼に自信がある人はごくごく一部で、みんなそんなには自信はない。特に日本人は自分に自信がない。「日本人は世界で一番悲観的な国民」だし（「2017エデルマン・トラストバロメーター」）、内閣府の調査でも、日本の若者の自己肯定感は世界でも最低レベルという結果が出ている（『平成26年版　子ども・若者白書』）。つまり、自信がないわけだ。

しかもこの超成熟市場だ。実はもっと他に自分が求める価値にぴったりな商品があるのではないか、と、モヤモヤしてしまう。そうなるとどうなるか。他の商品に流れてしまう可能性が強まる。次も買おうとか、他のシリーズも買おうとかいうLTVも上がりにくくなる。周りにオーガニックなオススメをしてくれなくなる。

なので、**まずファンであることに自信を持ってもらわないといけない。それにはまず「他のファンのオーガニックな言葉を読むこと」**だ。そうすると、彼らは急に「あぁファンでよかったんだ」と自信を持つ。そして、他の人もこう言ってるし、と、友人に胸を張ってオススメするようになるのである。

## 急にクチコミしだした『レタスクラブ』のファンたち

わかりやすい例をひとつ紹介する。

雑誌『レタスクラブ』は売上がずっと低迷していたのだが、2016年に松田紀子編集長に代わって半年、様々な改革を行い、三号連続で完売するなど絶好調になった。

紙の雑誌の凋落が言われて久しいし、しかも今年創刊30周年目の老舗雑誌である『レタスクラブ』が、ある日から急に売れ出すというのはそれなりに革命だとは思うが、ここで言いたいのはそのことではない。「売れ出してからも、ネット上でもSNS上でも誰も何も言わなかった」という事実である。松田編集長に訊いたところ、完売するようになってからも、誰ひとり

『レタスクラブ』を褒めたりオーガニックなオススメをしなかったそうである。

ところが。

売れ出してからずいぶん経ったある日、あるネットメディアが『レタスクラブ』の急伸を取り上げ、また、ある読者が『レタスクラブ』が面白くなった理由を挙げつつ、まとめサイトを作ってくれた。その途端、今まで無言だったファンたちが至る所から現れ、「最近の『レタスクラブ』おもしろいよねー」「私、昔から『レタスクラブ』大好き！」「『レタスクラブ』、すごく良くなったよねー」などと投稿しだしたのである。

そう、**『レタスクラブ』のファンは「褒めていいのかどうか、友人に薦めていいのかどうか、自信がなかった」のだ。**メディアが取り上げたり、友人が褒め出したりして、一気に「あ、褒めていいんだ」「『レタスクラブ』を好きな自分ってイケテルんだ」「友人に薦めてもバカにされないんだ」とわかり、今まで閉じていた口を開き始めたのである。

## 自信がないファンに自信を持ってもらう方法

このように自信を持ってもらうために一番いいのは、他のファンのオーガニックな言葉を読むことだ。だから、企業側で意識的にそれを用意しておくのは基本中の基本である。

ファンやユーザーの声、有識者へのインタビューなどを

**・アクセスしやすく**（**探しやすい**）
**・リンク元にしやすく**（**シェアしやすい**）
**・より自信がもてるように**（**共感しやすい**）

きっちりと自社サイトなどに載せて、用意しておくことは必須である。

また、SNSやブログでのユーザーの声もファンの自信につながる。それらがファンの目や耳に届くよう、自社サイトで取り上げたり、SNS担当者がシェアやリツイートしたりするのも基本的なことである。

同じ意味で、メディアによる記事や動画、そしてそれらがバズることもファンの自信につながる。バズは、新規顧客への拡散と認識している人が多いが、この時代、それがリーチすることはそんなに簡単ではないことは第二章で書いた。それよりも、**バズは「ファンに自信を持たせるのに効果的な方法」と捉えるべき**である。逆に、単に話題になることだけを狙ったあざといバズは、そんなに効果的ではない。ファンの自信につながらないからだ。

## マス広告もファンに自信を持たせる

大勢の人が認知するマスメディアに露出することも、ファンに自信を持たせる。**「ほら、こんなCM流れてるでしょ？　あれよ！」みたいに、友人に言いやすい状況を作るのにマスメディアは有効**だ。

有名タレントがそのCMをやっていることも、自信や言いやすさにつながる。特にそのタレントがリアルにその商品を好きな場合は、勇気百倍である。逆に言うと、タレントがその商品を使ってもいないのに褒めたりする「やらせ」は、それが広告上の演出だとしても、ファンを失望させるきっかけになることがあるので注意が必要だ。

PRなどでテレビ番組や新聞記事に取り上げられるのも自信になる（世の中的な承認感・社会的合意形成）。そういう意味において、普段から定期的に広告やPRで世の中に流れていることは意外と大切なことなのである（だからって「行動ターゲティング広告で常に接触を保とう」とか「リターゲティング広告で毎日マメに追っかけよう」というのは、しつこくてうざいので逆効果だ。148ページ「信頼」の項参照）。

あるファン・ミーティングで、ファンがこんなことを言っていた。

「なぜこの商品、CMをもっとやらないんですか？　素敵なCMをやってくれたら友人にもっと薦めやすくなるのに」

この発言は、まさに「広告が流れているから言いやすくなる」の典型だ。

とにかく、ファンに自信を持たせて、周りにオーガニックに言ってもらうことはファンベースにおいてとても大事なことである。

## 共感を強くする

### C　ファンを喜ばせる。新規顧客より優先する

#### 膝打ちポイントを増やすことが、ファンの喜びにつながり、オススメのきっかけになる

傾聴し、自信を持ってもらったら、次は喜ばせることだ。

共感とは「そうそう、それそれ！」と強く膝を打つような感情であると100ページに書いたが、そういう膝打ちポイントを増やすことがファンの喜びにつながる。それは商品やサービスの改良かもしれないし、イベントの開催かもしれない。ファン・コミュニティの実施かもしれないし、サイトの改善かもしれない。

このCの基本は、そういうポイントを地道に増やしていくことだ。

それらを企画するとき一番大切なことは、**傾聴したファンの言葉を出発点にする**ことである。必ずしもファンの言うことをそのまま受け取る必要はない。それは改良・改善のタネなので、企業のミッションや他社動向、時代の流れなど、いろんな変数を入れて検討するべきである。

もうひとつの基本は、**ファンとは20%の少数だ、ということを強く意識する**こと。

つまりファンの「喜び」とは、意外とマニアックということだ。ファンではない人（担当者のあなたも意外とそうかもしれない）から見ると「そんなの喜ぶかなぁ」「あまりにマニアックすぎないかなぁ」と不安になることでも、とても喜んだりする。

例えば、鉄道ファンじゃない人から見たら、いわゆる「鉄ちゃん」の嗜好や行動は理解しがたいだろう。だから、往々にして、鉄ちゃんじゃない人が鉄ちゃん用のイベントを企画したりすると、ポイントを外したものになったりする。企業の担当者でも、その広告などを受注した会社の人でも、意外とそうなりがちなので注意が必要だ。

## 新規顧客を優先する発想から脱却しよう

右の基本を重視しさえすれば、たいていのファンを喜ばせることはできるだろう。誠実に、まごころ込めて、あなたの商品の価値を支持してくれる20%の人を笑顔にすることを企画しよう。

とはいえ、これが不得意な人も実は多い。特にマーケティングに関わる人たちは、とにかく「新規顧客にリーチする」という発想から抜けられない人が多いので、どんなにしつこく言っても無意識に「新規顧客を喜ばすこと」を優先してしまう。

例えば、新聞の売り込みでは、新規に購読すればビールや洗剤などのオマケをくれるのに、何十年も購読しているファンは何ももらえないみたいなことが慣習的に行われ、あまり疑問を持たれていない。そういう発想からいち早く抜け出さないとファンの気持ちは摑めない。「**新規顧客ではなくファンを優先すること**」を**意識的に習慣化する必要がある**だろう。

また、いわゆる「囲い込んで刈り取ろう」みたいな失礼なマーケティング的発想も変えたほうがいい。「ファン・コミュニティを作ってファンを囲い込みましょう」みたいな発想だ。それは新規顧客を獲得するときの方法論だ。ちょっと考えればわかるが、商品を愛してくれる20%のファンを「囲い込み」する必要はないし、発信力あるファンほど「囲い込み」を嫌う。

常連さんの例をとればわかりやすい。

あなたの店の価値をわかって支持してくれている常連さんを、他の店に行かないように囲い込もうとしたら、今までの共感や愛着や信頼を裏切るだろう。そのうえ「こいつから稼いでやろう」と刈り取ったら、もう二度と来てくれない。それどころか、今までの支持を裏切られた悔しさから、悪口を常連仲間や周囲に語りまくるであろう。

顔がわからない新規顧客を相手にするのとは違って、ファンを相手にすることは、顔が見える者同士の「人間のつきあい」なのである。そこをよくよく意識しないと、すぐ見透かされるし、ファンを喜ばすことはできないだろう。

## ファンにいの一番に伝えたマツダ

新規顧客ではなくファンを優先した例をひとつだけ挙げたい。

クルマメーカーのマツダである。マツダは、**ロードスターの新車発表会をファン・ミーティングで行った**のである。ロードスター開発主査の山本修弘さん自らが、新車にかぶされたカバーをめくってお披露目した。

もちろんファンは大喜びである。愛するロードスターの開発者に直接会えること自体が大きな喜びであるうえに（第四章「応援」参照）、その発表をいの一番にファン相手にしてくれたのである（これを読んでいて「そんなことで喜ぶかなぁ」と思ったあなたは、ロードスターの20％のファンに入らないだけである）。

通常、新車の発表は、メディアに向けてのものが最優先される。しかし、ファンにこそ一番に知らせるべきだし、そのことによってファンは「マツダはファンを大事にしてくれる！」「マツダのそういうところが好きなんだ！」と、どんどん共感を強めるだろう。

しかも、発表したファン・ミーティングは、マツダ主催のものではなく、ファンが自発的に始めた「軽井沢ミーティング」である。20年以上かけて少しずつ育っていき、今やロードスター・ファン日本最大の集いになっている。自分たちが自発的に始めたファン・ミーティングで、オフィシャルに新車の発表が行われる。これほどうれしいことはないだろう。

一冊まるごとファンベースの塊みたいな本『グレイトフル・デッドにマーケティングを学ぶ』(デイヴィッド・ミーアマン・スコット/ブライアン・ハリガン著・日経BP社)の第一〇章160ページに、こんな一節がある。

新しい特別価格やサービスの情報を、真っ先にメディアに知らせる企業は多い。自分が運転しているクルマの最新モデルが出たときに、自動車メーカーや販売店から知らされるのではなく、新聞や雑誌を読んで知ることがよくある。なぜ、メーカーや販売店は「ご愛顧いただいているお客さまに限定で」注目の新モデルの試乗会を開かないのか、僕たちは不思議に思う。

**企業はビジネスのやり方をひっくり返す必要がある。ファンである既存のお客さんを優遇し、情報を最初に知らせるべきだ。自社に対して時間とお金を費やしてくれている人に、「あなたは大切な方です」と知らせよう。**(注・太字は筆者)

言われてみれば、当たり前のことなのだが、なかなか発想を変えられないのが現実である。ぜひファン本位で発想し直してみてほしい。

## 「愛着」を強くする

### ブランドや商品を「他に代えがたい」ものにする

愛着が強くなればなるほど、商品は長く使われ、くり返し買ってもらえる。そして唯一無二の存在になっていく。そういう存在になるために愛着という感情を強くしていこう、というのがこの項である。

あなたの周りにある「愛着があるモノ」を思い浮かべてほしい。単に毎日のように習慣的に使ってるだけでは「愛着」にまでは至らなくはないだろうか。単に機能的に優れているだけでも「愛着」にまでは至らなくないだろうか。

誰かにプレゼントされたもの。旅の思い出の品。おばあちゃんの形見。作家さんの想いがこもった特別な品。手に入れたときに何かしらエピソードがあるもの。つまり、**他に代えがたいストーリーやドラマがあるもの。そこに、我々は「愛着」を覚える**のである。

常連さんの例なら、例えば顔と名前を覚えてくれていて、「佐藤さん」と呼びかけられるだけでも他とは違う店になる。店主の個人的な人生ストーリーや名物メニューの誕生秘話を聞いたりすると、その「愛着」はもっと深まる。そんなちょっとしたことが意外と大きいのである。

特に商品開発者が陥りがちなことだが、**「他に代えがたい」というとUSPのことだと考えてしまうので注意が必要**だ。他社・他ブランド・他商品との差別化こそが他に代えがたい価値だと考えてしまうのである。

残念ながらそれは「愛着」という感情には至らない。そこにはユーザーの体験も思い出もストーリーもドラマも宿っていないからである。しかもUSPはすぐ陳腐化してしまう。差別化こそが大切な価値だった時代は過ぎ去ろうとしている。今はもっと体験価値や情緒価値に注目する必要があるだろう。

ということで、愛着の項は、次の3つに分けて考えてみたい。

**D　商品にストーリーやドラマを纏わせる**（↓P126）

単なる「モノ」ではなく、ストーリーやドラマという「コト」を纏った商品に我々は愛着を覚える。ならばそれをちゃんと見せよう、ということである。創業ストーリーや商品開発での苦心・苦労などが伝わってこない商品が多すぎる。

**E　ファンとの日常的な接点を大切にし、改善する**（↓P130）
企業やブランド、商品との接点はこの時代とても重要だ。それを改善し、他に代えがたい体験にしよう。他部署が担当している接点もあるとは思うが、連携し、協力して改善していくべきだろう。

**F　ファンが参加できる場を増やし、活気づける**（↓P138）
参加し体験すると、他に代えがたいという愛着が強くなる。なのに、商品のファンになってくれた人が参加できる場を作っていない企業はとても多い。価値を支持するファンが参加できる場を作り、そこを活気づけていくことは重要な施策だ。

ひとつずつ見ていこう。

## 愛着を強くする

### D　商品にストーリーやドラマを纏《まと》わせる

## 友人からのプレゼントがうれしい理由

友人からプレゼントをもらうのは、なんであんなにうれしいのだろう？

モノが溢れるこの時代、モノ自体に感動することは少なくなった。では、何に感動するのだろう。プレゼントしようと自分のことを考えてくれた「想い」がうれしいのである。プレゼントを選ぶために使ってくれた「時間」がうれしいのである。プレゼントを探すために動いてくれた「努力」がうれしいのである。

それらこそが、**単なる「モノ」を、他に代えがたい「コト」に変えてくれる。**毎日の生活の中で、そのモノを見るたび使うたびに、友人の顔をちょっと思い出す。ほわっと心が温かくなる。もう日々の生活で手放せない大事な品になる。それが「愛着」だ。

企業もブランドも商品も一緒である。

**生活者の課題を解決するためにどれだけの「想い」があったか。どれだけの人がそのプロジェクトに携わり、どのくらい「時間」をかけたのか。そして、どのくらい生活者のために試行錯誤し「努力」したのか。**そういうストーリーやドラマが、ファンに愛着という感情を起こさせる。

つまり、企業の創業ストーリー、企業の苦難のストーリー、商品の開発ストーリーなどは愛着を強くする重要なコンテンツであるし、それらにアクセスしやすくしておくことはとても基本的なことなのである。

でも、それをちゃんとやっている企業はまだそんなに多くない。

## 創業ストーリーや苦労物語、開発ストーリーなどをもっと前面に出そう

今や日本全国、そこそこの規模の駅前であればどこでも数多くの見慣れた飲食チェーン店が並んでいる。吉野家、松屋、すき家、なか卯、日高屋、CoCo壱番屋、マクドナルド、スターバックス、ドトール、ガスト、ジョナサンなど、挙げていくとキリがないくらいいろいろ並んでいる。

この中で、ボクは、日高屋とCoCo壱番屋とスターバックスだけ、なぜか社長(創業者)の人生とその経営哲学を知っている。ネットで読んだかテレビで見たか新聞で読んだか忘れてしまった。でも、社長のストーリーを知っている。

だからだろう、例えば日高屋の前を通りかかると、社長の極貧生活や従業員への深い想いをふと思い出し、(直接的に面識はないのだけど)社長は元気だろうか、今でも従業員を最大限大切にする人情経営をしているのだろうか、店の中にいるあの従業員は幸せに働いているだろうか、などと思いを馳せる。

これは「どこにでもあるチェーン店」が「ボクにとって特別なチェーン店になった」ということだ。他に代えがたい存在になったのだ。だから、たった数回行っただけなのに、すでに愛着があり、他のチェーン店よりそこを選ぶことが多くなっているのである。

また、ボクは今クルマを持っていないが、マツダのファンである。

それは、ファンベース事例を調べているうちにマツダの先進事例群に行き着いて、サイトのいろいろなところを見回っているうちにその「開発ストーリー」を読み込んでしまったからである。街でマツダのクルマを見かけると、開発者の熱情や苦難のストーリーやドラマ、そしてそれを読んだときの感情がふわっと蘇る。

これも「どこにでも走っているクルマ」が「ボクにとって特別なクルマになった」ということだ。乗ってもいないのに、他に代えがたい愛着があるのである。

## ちょっとしたことが愛着につながる

とはいえ、感動的な「創業ストーリー」「開発ドラマ」みたいなものがない企業やブランド、商品もあるだろう。別にオーバーなものでなくてもいい。例えば、以下はツイッターで拾った投稿で、わりと好きな例なので引用させていただく。

居酒屋経営してるんだが
おにぎりがぜんぜん売れなかったの。
ふと思いついて
「かなちゃん（バイトの可愛い子）が握った真心おにぎり」て
表記したら、あっという間に毎日売り切れるようになった（原文ママ）

ま、この投稿は、このあと「じっさいは俺が相変わらず握ってんだけど。これって偽装表示?」っていうオチが付くのでダメなのだが（偽装してでもストーリーを作ったほうがいいと言っているのではないので念のため）、前半部までは見事に「モノにストーリーやドラマを纏わせた例」だと思う。単なるおにぎりにストーリーがつき、他に代えがたいものになったのである。こういうちょっとしたことが愛着につながっていく。ポイントは、**モノの背景に「人」がいることをどうやって感じさせるか**だ。

## 愛着を強くする

### E　ファンとの接点を大切にし、改善する

## 接点を忘れられないものにする

有名な本なのでご存じの方も多いと思うが、業績が悪化していたスカンジナビア航空を1年間でV字回復させたヤン・カールソンという社長が書いた古典的名作に『真実の瞬間』（ダイヤモンド社）という本がある。本の中から一節、引用してみよう。

1986年、1000万人の旅客がそれぞれほぼ5人のスカンジナビア航空の従業員に接した。一回の応接時間が平均15秒だった。従って、一回15秒で、一年間で5000万回、顧客の脳裏にスカンジナビア航空の印象が刻みつけられたことになる。**その5000万回の〝真実の瞬間〟が、結局スカンジナビア航空の成功を左右する。**その瞬間こそ私たちが「スカンジナビア航空が最良の選択だった」と顧客に納得させなければならないときなのだ。

（注・太字は筆者）

「真実の瞬間」とは、顧客が企業の価値を判断する瞬間のことだ。

つまり、**企業とファンとのあらゆる接点を、「真実の瞬間」と意識して、少しずつ改善していくこと。**そして、他に代えがたい体験にすること。それがこの項の要点である。例えば31ページの図6も、それぞれ細かい施策であるが、ひとつひとつが大切な「真実の瞬間」である。これらをひとつずつ改善していくことで「愛着」は確実に強まっていく。

店頭や営業の現場、SNS、コールセンター、イベント、広報、ネット記事など、たくさんの接点がある。それらをファン本位に、ファン目線で改善していくことが大切だ。いくつか取り上げてみる。

## SNSという接点は、毎日の「愛着」をもってもらうために超重要

宣伝や広報部門において、まだまだSNS担当者（いわゆる「中の人」）の重要性が認識されていない企業があるが、ファンベースにおけるSNS担当者の重要性は、特にSNSのヘビーユーザーである発信力あるファンたちとのつきあいにおいて、はかりしれない。

重要視している企業でも、「拡散担当」くらいに思われているところがあるが、情報過多なこの時代において、特にSNSをヘビーに使っている生活者が「企業からの一方的な拡散」に注意を払うことはほとんどない。

SNS担当者が重要なのは「日々の愛着を強められるから」である。

毎日、いや、もしかしたら毎時毎分、ファン（SNSを活用している発信力が高い層の中のファン）と接して、愛着を強めることができる存在なのだ。

例えば、商店街の八百屋や魚屋の兄ちゃんみたいなものだ。毎日毎日、道に出て「いらっしゃい、いらっしゃい」「奥さん、こんにちはー！」と声をかけてくれる。この毎日の愛着が常連客を生むのである。

みなさんは、優れたSNS担当者が、なぜ、毎日「おはようございます」とか「こんにちは」とか「今日もおつかれさまでしたー」とか投稿し、ゆるい投稿でファンやユーザーや通りすがっただけの人と絡み合うか、意味がわかっているだろうか。

彼ら彼女らは、日々、苦心しながら、そういう愛着を作っているのである。

くり返すが、**単なる企業からの一方的お知らせを発信するのが彼らの仕事ではない。SNS担当者は、他に代えがたい愛着を作ってくれている貴重な存在**なのだ。

だから、生活者との距離感を理解し、自分のオーガニックな言葉を駆使して愛着を積み重ねることができる優秀なSNS担当者は、（他社にヘッドハンティングされる前に）きちんと厚遇して、彼らのモチベーションを上げていくべきである。たいして訴求力のないタレントに高い契約金を払うくらいだったら、彼らを厚遇し高い報酬を支払ったほうが、ずっといい。

ちなみに、SNS担当者は常に生活者と接している分、生活者から本性を見抜かれやすい。それを考えると、「本当にそのブランドや商品が好きな偏愛の人かどうか」は、適正な人材選びの大事なポイントだと思う。投稿の上手下手ではなく、そういう素の部分がばれてしまうのがSNSの怖い部分である。

## 接点を、できるところから丁寧に改善していく

GANMA!(ガンマ)というオリジナル新作マンガの配信サービスがある。

現在このアプリのユーザーレビューは非常に高いのであるが(5点満点で、AppleStoreで平均4・7点、GooglePlayで平均4・7点)、以前から高かったわけではない。図20を見ていただければわかるように、以前のレビューは低く、しかも少しずつ下がっていた。

この点数が図のように急激に上昇するきっかけになったのは、運用担当者による「接点の改善」である。担当者の福西祐樹さんはこう語る。

「以前はユーザーレビューを確認だけして返信については未対応でした。悪い評価とコメントがついても『仕方ない。時間をかけてサービス改善していこう』と諦めていたんです。でも考えてみたらコメントをくれる人ってガンマに関心がある人だし、熱心なファンも多いんですよね。そしてもっともな意見も多かった。そこに気づいてから、評価の良し悪しにかかわらずコメントにひとつひとつ全部返信するようにしてみたんです。

このユーザーレビューは、投稿した後に投稿者が評価を変更することができる仕組みなのですが、**全員に返信しはじめたら、投稿者が評価を高く変更してくれるようになり、見る見る評**

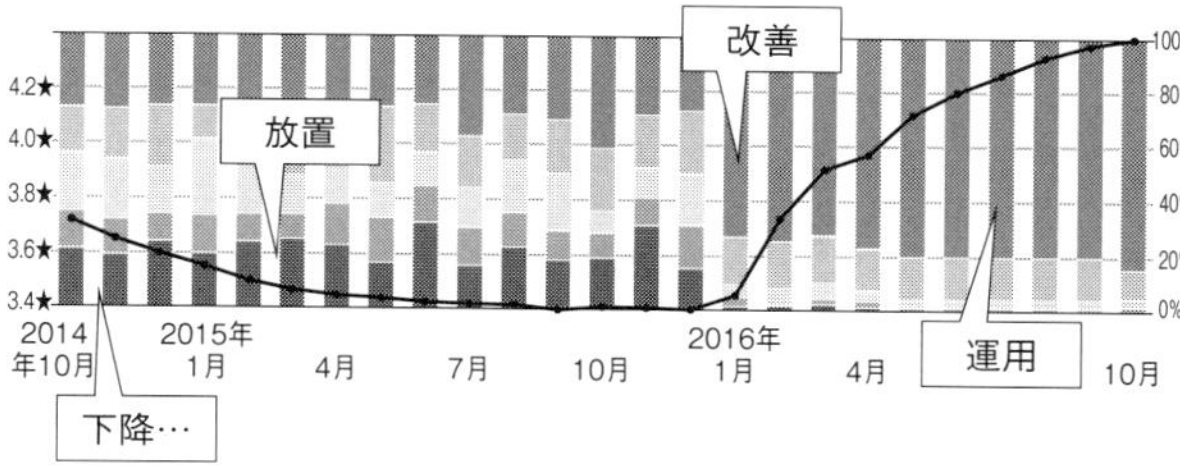


図 20

**価が上がっていきました。**返信は1日で数百に上ることもあり大変ですが、レビューが上がれば上がるほどユーザーは増えていきます。今すぐ自分で改善できそうな部分だったので始めたのですが、とても効果的でした」

例えば「Wi-Fiにつなげても読み込み出来ない。こんなのありえない。糞アプリ！」みたいな厳しくも短気なレビューに対し、「ご迷惑おかけしてしまい申し訳ありませんでした。現在は復旧しております。楽しみにお待ちいただいている漫画をしっかりお届けできるよう改善に努めてまいります」みたいに、ひとつひとつユーザーの意見を聞き、直せる部分は直し、丁寧に返信を続けたのである。

厳しいコメントをしていたユーザーたちが、この返信に「評価を上げる」という行動でお返ししたことに注目してほしい。彼らにとって非常に印象深い「真実の瞬間」になったわけである。「接点の改善」というと、わりと大掛かりな印象を持つ人も多いが、このように個人ができる部分からスモールスタートで始めても、目に見える効果が上がる場合は多いのである。

## 店舗やコールセンターなどの接点はそのまま記憶に残る「体験」になる

店頭での「真実の瞬間」では、スターバックスの店頭体験がよく知られている。「コーヒーカップにひと言書いてくれる」という行動に代表される、パートナー（スターバックスでは社長も社員もアルバイトも全員「パートナー」と呼ぶ）の自発的なもてなしである。どこの店でも、どのパートナーもやってくれるわけではないが、時間に余裕があると、さっと「いつもありがとうございます」とか「ファイトー！」とか「お大事に！」とか、相手の状況に合わせたひと言を自発的に書いてくれる。

実はスターバックスにはサービスのマニュアルがない。入社すると社員もアルバイトも全員40時間以上かけて受ける独自の研修で、ミッションや行動指針を深く共有しているのである。それがこのような主体的な行動を引き出しているわけなのだが、こういう体験はスターバックスを他に代えがたくさせ、深い愛着を抱かせて余りある。

同じような意味で、コールセンターも大切な接点だ。

コールセンターでのいい体験が、その企業の印象をガラリと変える例は枚挙にいとまがない。もちろんその逆も（つまりコールセンターでブランドが毀損される例も）枚挙にいとまがない。

お手本として『ザッポス伝説』(トニー・シェイ著・ダイヤモンド社)を読むのをオススメするが、日本にもいくつも例がある(検索するといろいろ出てくる)。いわゆる「神対応」と呼ばれるところまでいかなくてもいい。ひとつひとつ丁寧に対応することこそが「真実の瞬間」の改善につながっていく。

コールセンターの優秀なオペレーターや担当者は、SNS担当者と一緒で、厚遇すべきである。彼ら彼女らが作り上げる特別な体験が、ファンやユーザーにどれだけ「他に代えがたい愛着」を強めるか、強調してしすぎることはない。

なお、オペレーターの個人プレイだけではなく、大勢の担当者が連携して対応したカルビーの事例をひとつリンクで挙げておく(巻末5 顧客に愛される、カルビーのクレーム対応)。

## 接点での「誠実」を褒め称える

あらゆる接点でファンは見ている。つまり手抜きも不誠実もすべて見られている。**唯一の対抗策はすべての施策・接点・活動において、誠実であること**だ。

とはいえ、店舗接点や営業接点、コールセンター接点など、あなたの部署からは「手が届かない場所」で不誠実が行われるかもしれない。それらを正し、姿勢を一貫させていくのは、越権行為であることも多く、並大抵なことではない。ミッションから見直し、社内全体で改革をしないと足並みが揃わないことも多い。

ただ、手が届かない場所で行われているのは不誠実ばかりではない。「誠実」も必ず行われている。逆にそこを取り上げよう。社員全員で共有して褒め称えよう。そういうポジティブな施策はあまりハードルなく出来るはずだ。

それは自然と社内の意識改革につながっていくだろう。先のカルビーの事例は「お客様の声を社内共有する体制が出来上がっている」という意味においても好事例である。リンク先を読まれることをオススメする。

## 愛着を強くする

### F ファンが参加できる場を増やし、活気づける

#### ファンになった人の行き場を作る

接点を改善する一方で、増やしていくことも必要だ。

いわゆる「ファン・コミュニティ」的なものがこれに当たる。

**ファンが気軽に参加できる場を作り、想いを共有し、企業や商品ブランドの体験を増やして**

**いくことは、確実に「愛着」を強くする。**というか、せっかくファンになってくれた人がいるのに（情報も商品も溢れかえるこの時代においてそれは貴重なことである）、彼らの行き場がないというのはどういうことだろう。すべからく、彼らが集え、交流でき、発言できる場所を作るべきである。

それはリアルなファン・ミーティングやファン・イベントでもいいが、参加人数に限りがある。だから、ある程度手間はかかるし、一度作ったら「やっぱりやめます！」とは言えなくなるが、ネット上にファン・コミュニティを作るのはいい方法だ。全国津々浦々から参加でき、参加時間も自由なのがネットのいいところである。

事例はたくさんある。「ファン・コミュニティ」「ファン・クラブ」「プレミアム・クラブ」などで検索するとたくさん事例が出てくるだろう。なお、マイレージ・クラブやポイント・クラブなども参加できる場になり得るが、マイレージを貯めている人＝ファンとは限らない。単に得したい人も多く混じる。なので、そのクラブ内でより濃いファンのためのコミュニティを新たに作る必要があるだろう。

## ファンが株主として参加するカゴメ

ここではひとつだけ事例を挙げる。コミュニティ施策としても素晴らしいのだが、「参加の場」としていろいろな方法があることを知ってもらいたいからである。

第二章で「上位2・5%のコアファンが全売上の30〜40%を占めている」と紹介したカゴメである。

カゴメは、20年かけて、企業理念に共感してくれた個人株主をじわじわ増やしてきた。そして今や、なんと総株主のうち99・5%が個人株主であり「ファン株主」なのである（そのうち3分の1が主婦層だというのもすごい）。そう、ファンが株主として企業活動そのものに参加しているのである。とかく「ファンの顔が見えない」とお嘆きの企業が多いが、カゴメはファンに株主になってもらうことで、ファン個人個人とつきあえるベースを作ったのだ。

カゴメの**ファン・コミュニティ「&KAGOME」は、オープン時、会員募集キャンペーンを一切やっていない。告知したのはこの個人株主と通販の購入者のみ**である。最初から濃いファンしか入れない仕組みなのである。そしてそのファンたちに参加してもらう施策もいろいろ実施して、カゴメへの愛着をより強めてもらおうとしている。結果、一般顧客がカゴメ商品を月平均100円購入するのに対し、株主は月1300円も購入するという。彼らが売上を支えているわけだ。

くわしくは以下の記事を読むことをお薦めする（巻末6「99・5%が個人株主、カゴメに学ぶファン株主の育て方」）。

## 商品ではなく、価値を軸にコミュニティを作ること

ちなみに『グランズウェル』（シャーリーン・リー／ジョシュ・バーノフ著・翔泳社）という、ボクが教科書的に何度も読んでいる本があるのだが、その第七章204ページにさらりととても大切なことが書いてある。

「レゴのような特殊なケースを除けば、**商品を軸にコミュニティが生まれることはない**」

レゴやアップルやクルマのミニのようなマニアックな人気を博しているような特別な例を除くと、商品そのものを中心にファン・コミュニティはできない、ということである。

何度も書いているが、ファンとは商品そのものではなく、商品が「大切にしている価値」を支持している人である。ということは「価値」にファンがつく、ということだ。その価値を軸にファン・コミュニティを作るべきだし、そのほうが活気づくだろう。

例えばランニング・シューズのコミュニティを作りたいなら、シューズ好きではなくランニング好きに注目すべきだ。ランニングにおけるそのシューズメーカーの課題解決や提供価値を軸にコミュニティを作ると、それを支持しているファンが集まりやすい。逆にシューズ自体を軸にしても、ばらばらな価値観をもったシューズ好きが集まるだけなので、単なる他シューズ比較や批評が増えていき、そのメーカーのシューズについての盛り上がりは望めないだろう。

## ファン・コミュニティで稼ごうとしない

ファンが集まるコミュニティ、というと、どうしてもその場で拡販したいと思うのが人情だ。たしかにその場で拡販できれば、LTVは上がっていく。

リアルなファン・イベントの場合は、それでも構わない。特に、そのイベントでしか手に入らないグッズなどを用意すると盛り上がるし、いい記念になる。ただ、ネット上のファン・コミュニティや、リアルな会員組織の場合、「Don't Sell to the Community / Sell Through the Community」という考え方を意識したほうがいい。つまり、ファンには売るな、ファンを通して外に売れ、ということだ。

図21で、元アマゾン・ウェブ・サービスの小島英揮さんが作ったスライドを引用させていただくが、この図ひとつにファン・コミュニティを成功させるコツが凝縮されている。

これは、第二章の「ファンが新たなファンを作ってくれる」という項と、基本的に言っていることは一緒である。コミュニティに喜んでもらって、コミュニティの外にその喜びがオーガニックに染み出していくようにする、ということだ。そう心がけると、もちろんファンは喜んでいるのだから自然とLTVが上がっていく。ファンとつながっている類友も、その喜びの影響を受けて、購入したりファンになったりする、ということである。

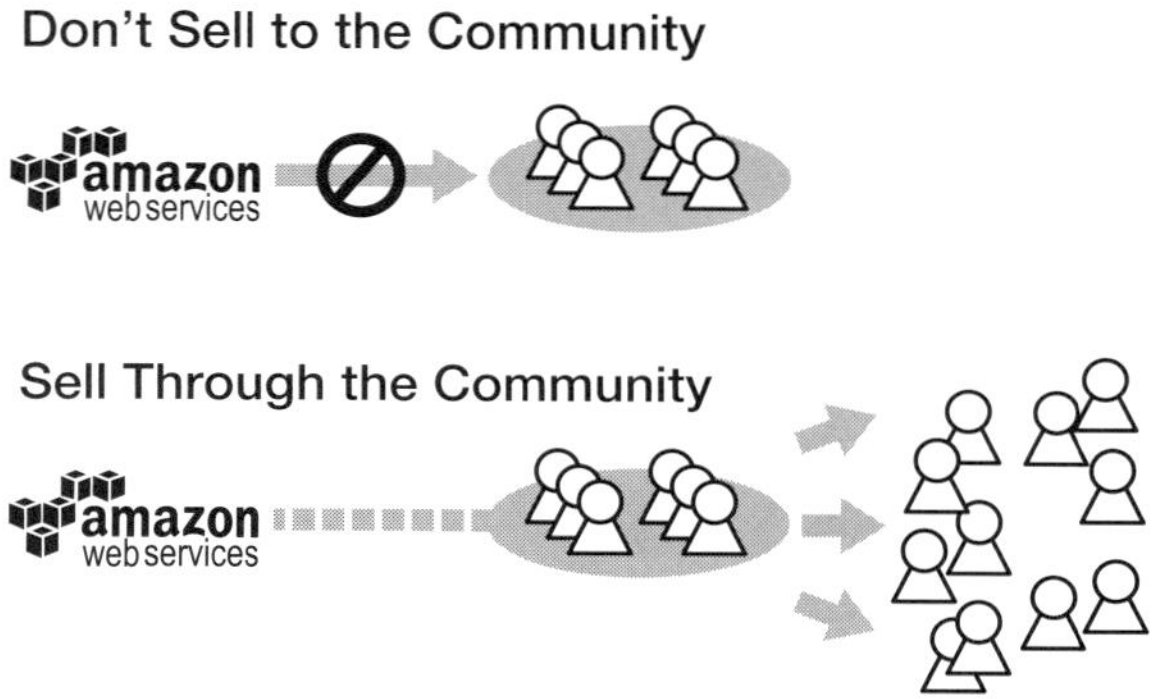
Don't Sell to the Community
amazon
web services
Sell Through the Community
amazon
web services

図21

これを「Sell to the Community」にすると、双方を失う。そのあからさまな「囲い込み」と「刈り取り」に、ファンは引くし、ファン以外への広がりもなくなってしまう。

くわしい内容については「商品はファンには売るな!? AWSマーケティング担当者が語った、最強のコミュニティ運営術」（巻末7）という記事にくわしいのでぜひ読んでみてほしい。コミュニティ運営のコツが詳細に書いてあるし、**BtoBでもコミュニティ運営が可能だという好事例**でもある。

**無闇にコミュニティを作る前に、まずはファンから傾聴を**

ファンベース施策というと「ファン・コミュニティを作って、ファンとつきあうこと」と短絡的に思っている人が意外と多いが、それはずいぶん後の話だ。**そういうことをするまえにやるべきことが山ほどある。**ファンがより共感し愛着をもち信頼するような「環境」を整えることが先決だ。

そういう意味でも、とりあえずファン・コミュニティを作ろう、と、軽い気持ちで取り組む前に、いったん立ち止まり、しっかりファンから傾聴することを優先したほうがいい。そして「自信を持ってもらうコンテンツ」や、「商品開発ストーリー」などを用意することを先にやるべきである。

先ほどの本『グランズウェル』の第七章203ページにファンを活性化する方法として、次のような記述がある。大切なので抜き書きしてみる。

活性化がうまく行くのは、顧客がその会社や商品に夢中になっているか、夢中になる可能性があるときだけだ。これは万人向きの戦略ではない。

たとえばコピー用紙やメモリチップといった、よくあるタイプの商品には強力なブランドがなく、顧客もこだわりを持っていない。こうした商品を扱っているなら、顧客に商品を語ってもらうことはあきらめよう。ビジネスは順調だが、不満を感じている顧客が相当数いるという場合も、活性化戦略は適さない。顧客を活気づければ、やぶへびになるだけだ。こうした企業には傾聴戦略を勧めたい。そうすれば顧客の態度について多くを学べるだろう。

たいていの企業では、ファン・コミュニティより「傾聴」が先である。コミュニティを作っても「墓場」みたいに閑散としてしまうと、そこに来たファンが「自信をなくす」という最悪の事態になってしまう。まずはAで書いたように、ファン・ミーティングをしてファンの発言に耳を傾け、その商品がファン・コミュニティに向いているかどうか、判断することだ。

## 「信頼」を強くする

### 信頼される要素を、ひとつずつ増やしていく

91ページで書いたように、ファンの支持を強くするためには、その価値の提供元（つまり企業である）の評価・評判も高める必要がある。どんなに「大切にしている価値」が素晴らしくても、企業自体の評価・評判が低くては、誰も相手にしてくれないからだ。

とはいえ、表面的なイメージ広告やPRなどで上がるわけではない。ネットやSNSなどで「企業の本当の姿」がすぐに明らかになってしまう時代である。**真の意味で企業の評価・評判を上げなければならない。そのためには丁寧かつ地道に培われた「信頼」が必要だ。**「この企業の商品なら間違いない」「あそこはちゃんとしている」「あそこは裏で変なことをしていない」。そういう揺るぎない信頼である。

それは決して一朝一夕には得られないことだが、そういう信頼こそが評価・評判を上げてくれるし、長い間に築き上げられた信頼はそんなに簡単には崩れないだろう。

プランニングやマーケティングでなんとかできるものでもないと思われる方も多いかもしれない。確かに、商品力や品質、企業の日頃のふるまいなどが大きく影響する分野なので、宣伝や販促で作り上げられるものでもない。

ただ、できる部分は、確実にある。

まずは「信頼されない要素」をひとつずつ消していくことである。次に「間違いない」「ちゃんとしている」「変なことをしていない」部分をきちんと見せることである。**まだまだ見せ方が足りない企業が多い**と思う。

ボクがよく通る道に老舗洋菓子屋がある。

古くからある店だなぁと思う以外、特に何も思わず通り過ぎていたのだが、ある日テレビでこの洋菓子屋が取り上げられ、店主の、まるで命を削るような洋菓子作りの様子や、丁寧で真摯な製造工程のあれこれに、ボクはいたく感動した。

それ以来絶大に信頼し、よく買って食べるようになったし、お土産などにも重宝している。ただ、その信頼は、テレビが取り上げてくれなければ生じなかった。どんなに命を削ろうが、どんなに丁寧で真摯に作っていようが、しょっちゅう前を通りかかるボクでもわからなかったのである。

サイトも見に行ったが、「○○のホームページへようこそ！」的な遺跡のような作りで、店主の洋菓子作りの様子どころか、顔すら載っていない。製造工程も少しも載っていない。

そういうの、もっとちゃんと見せましょう！

ということで、ここでは以下の3つの切り口から書いてみたいと思う。

**G　それは誠実なやり方か、自分に問いかける（↓P148）**

真面目にやっているつもりなのに、いつの間にか信頼を裏切っていることは意外とある。その要素を減らしていくのは大切だ。最近の、特にネット上での広告手法は信頼を裏切っている場合もあるので注意が必要である。

**H　本業を細部まで見せ、丁寧に紹介する（↓P154）**

企業の評価・評判は、本業をどのくらいちゃんとやっているかに依っている。「ここの商品は間違いない」という揺るぎない信頼を強めるために、その根拠である研究開発や製造工程、制作工程などをちゃんと可視化しよう。

I　**社員の信頼を大切にし「最強のファン」にする**（→P158）
この透明性の時代、社内は社外と言ってもいい。社外の信頼を得たかったら社内の信頼が必要だ。社内の信頼を得るためには、様々な見直しやインナー（社内）コミュニケーションが必要だろう。

**信頼を強くする**

G　それは誠実なやり方か、自分に問いかける

**俺は一生どんなことがあっても、○○○なんて買わないことを決めた**

次の投稿はネット上で話題になったものだ。社名をふせて引用させていただく。

ユーチューブをスマホで見ているとかなりの頻度で○○○の30秒CMが割り込んでくる。そりゃユーチューブも慈善事業ではないのはわかってるから、最近の6秒CMとかは許せるんだけど、○○○のCMの場合「30秒CMでスキップできない」のが本当に本当に本当に腹がたつ。この数カ月このCMに邪魔されたおかげで、俺は一生どんなことがあっても○○○なんて買わないことを決めた。俺の時間とパケット返せよ○○○。

ここまで過激でなくても、しつこくつきまとってくる広告に反感を持っている人はたくさんいる。その企業のことを愛しているファン、コアファンであればなおさら「なにやってんだ！」と怒りすら感じるだろう。

第二章の47ページにソニーデジタル一眼カメラ$\alpha$の例としてP3アクションを取り上げたが、彼らのファンへのコンタクトは「3カ月に3回程度」を基本としていた。彼らが考える「ちょうどいい頻度」はこのくらいだということだ。

どのくらいの頻度、距離感が適正なのか正解はない。ただ、多すぎる接触は、その企業に対して信頼どころか、反感、怒りすら感じさせてしまうだろう。信頼を築き強くするためには、まず前提として、そういう「信頼されない要素」「反感を持たれる要素」「怒りすら感じさせる要素」をなくしていくことが肝心だ。

## それは本当に相手のことを考えた誠実なやり方なのか

- 一度検索しただけなのに、どのサイトを見ても追いかけてくる、**しつこいしつこいリターゲティング広告**。
- ネット通販で1回買い物したり、ある企業サイトに1回ログインしただけなのに、毎日毎日スパムのように送られてくる**迷惑メルマガ**。
- ネット上で軽い気持ちでカタログ請求しただけなのに、いきなりかかってくる悪魔の**電話営業**。
- 表面上はいいことばかり書いてあるのに、隅っこに「○○な場合に限ります」と、読めないような極小文字で付帯条件が書かれている**騙しみたいなチラシやカタログ**。
- 落ち着いて記事を読みたい時にいきなり自動再生してくる**うざい動画広告**。
- 広告か広告じゃないかわからないように作られた**バズ狙いのPR記事**。
- どぎつい色とコピー、そしてカクカクした動きで目を奪おうとする**品のないバナー広告**（特に好意をもっていた企業にこれをやられるとブランド毀損ハンパない）。
- スマホでいきなり全画面広告になって、しかもその広告を消す「×」が小さくてボクの太めの指では押し間違えてしまう、**失礼極まりないインタースティシャル広告**。いったいなんなんだ！

企業側はきっと「新規顧客に何度もくり返しリーチするのは有効施策」と思っているのだろう。でも、考えてもみてほしい。相手は長く買い続けてもらいたい顧客なのだ。ファンとして長いつきあいが今から始まるかもしれないのである。そんなやり方でいいのだろうか。

広告を露出する際に、それは本当に相手のことを考えた誠実なやり方なのか、一度真摯に考えた方がいいと思う。右ではちょっと極端な例を出したが、ネイティブ広告※をはじめ、もっと生活者に寄り添うやり方があると思う。

※ネイティブ広告とは、デザイン、内容、フォーマットが、媒体社が編集する記事・コンテンツの形式や提供するサービスの機能と同様でそれらと一体化しており、ユーザーの情報利用体験を妨げない広告を指す（ＪＩＡＡネイティブアド研究会による定義より）。

最近では、こんなことがあった。

あるサービスのお試しプラン（1カ月無料）に申し込んで使ったのである。そしたら本契約は自動更新だった上に、無料期間が終わる前に通知も来ない。だからそのまま有料プランに移行してしまった。

それって常識的に考えて、騙しに近くないですか？　いや、わかるんです。そうやって離脱者を減らそうとしてるんですよね？「そういうもんだ」と慣習的にはわかるし、確かに申し込み時に（小さく）書いてあった。

でも、**それは誠実なやり方なのか、ゼロから考え直してみてほしい。**こっちは「お試し」なのだ。いかがでしたか、って終了前に聞いてくるのが当たり前だ。しかも、いざ解約しようと思ったら、解約ページが見つからない！　見つからないようにとても面倒にサイト設計されている。奥の奥の奥にこっそり解約ページへのリンクがあったりする。

こんなことを、一流企業と呼ばれているような会社がやっている。そしてそれは、ブログやSNSなどに怒りの声として晒されている。

**施策をひとつひとつ見直して、誠実なアプローチを**

企業が、意図せず気づかず、効率を求めるばかりに「信頼を寄せていたファン」を裏切っている例はわりと多くある。特に「とにかくクリックさせよう」とあらゆる手を繰り出してくる最近のネット広告の手法は、ブランド毀損につながることも多い。「ファンの信頼を裏切る状況」を自ら招いている例は意外と多いのだ。

これらはすべて「結果（認知や購入）を出すために工夫してやっていること」だろう。でも、その発想は短期的すぎる。中長期の「信頼」を崩すような短期施策は、まったくナンセンスだ。

そういう「中長期的にファンを作れず、ファンががっかりしてしまいかねない施策」は、逆効果なのですぐやめよう。**もっと、ブランドや商品の価値を支持し愛してくれているファンの目を意識しよう。**売上の大半を支えてくれているファンの「信頼」を考えよう。施策をひとつひとつ見直して、きちんと手間をかけ、誠実にアプローチすることを基本にしよう。

## 失敗したことや不祥事もサイトに載せておく

それなりに長く企業が存続していると、失敗も不祥事も必ずあることだ。そして、「悪い印象は早く世間から消えてほしい、忘れてほしい！」と企業は願う。

ただ、もう検索ですべて出てきてしまう時代である。隠すのはあまり得策ではない。自社サイトで整理して見せて、どう対処しどう改善したかを明らかにしよう。そういう誠実さこそが信頼を作っていく。

「そんなことしたら、不祥事を知らなかった人にもわざわざ教えることになる！」と、心配する方もいると思う。それはその通り。わざわざ教えちゃいますね。でも、あなたが語りかけるべき相手は20％のファンなのだ。**残りの80％は、そんなことにたいして興味はないし、見にも来ない。見てもすぐ忘れてしまう。**

それよりも、「ファンに対する誠実」を考えよう。ファンを大切にして信頼を強くするほうが優先順位がずっと高い。ファンは過去の不祥事を知っていてファンでいてくれているのだ。

そのファンたちに「あぁ、あのこと隠してるんだ」と思われるほうが恥ずかしくないだろうか。**ファンはそういう誠実な企業の態度を、必ずや支持してくれる。そして、彼らこそが売上を支えてくれている。不祥事などの苦境のときに買い支えてくれるのは、彼らなのである。**

## 信頼を強くする

### H　本業を細部まで見せ、丁寧に紹介する

信頼を強くするためには、本業において「この企業の商品は間違いない」ということをもっとアピールする必要がある。大切にしている価値やミッションなどがいかに優れていようとも、本業における商品力や品質などが伴わなければ評価も評判も上がらないからだ。

#### 本業のあれこれをもっと丁寧に開示しよう

そういう意味で、実際に本業の商品力や品質において、ファンベースでできることは「開示」である。**商品力や品質の根拠となる研究開発や製造工程、制作過程などをちゃんと見せることで、「この企業の商品は間違いない」「あそこはちゃんとしている」みたいな信頼を強くすることだ。**

そういう「信頼される根拠」みたいなものをもっとちゃんと見せよう。研究開発や製造工程、制作過程などをきちんとわかりやすく臨場感をもって見せている企業は少ない。それがどんな想いで作られ、どんな人たちの手で育まれ、どこにどう気を遣い、どんな風に大切に作られているのか、きちんと見えるようになっていない。それは信頼を得る大切な機会を失っているに等しいと思う。

ボクはあるカメラ・メーカーの工場を見学してて、「え、そのレンズ、ロボットじゃなくて人間が手で削ってるんだ！」と驚いたことがある。しかもその職人がこの道何十年のスゴ技持ちだった。その人が、毎日、精魂込めて削り、磨いている。

そこ！

そこを伝えてくれたら、もっとこのメーカーの品質を信頼するのに！

企業側は当然と思っていることとも、生活者側にはまったくわからない。研究所の開発現場も、工場などの製造現場も、メディアやコンテンツの制作現場も、知れば知るほど本当に「感動ポイントだらけ」である。もっと開示して丁寧に紹介すべきだ。それが「この企業の商品は間違いがない」「あそこはちゃんとしている」という信頼に直結する。

・サイト内で商品やコンテンツが作られるまでの工程をしっかり誠実に見せるのは基本。工場や研究所、仕事場や作業場などを丁寧に見せていこう。

・サイト内に開発者や制作者、技術者、職人の顔を出そう。それぞれの考え方も細かくインタビューして載せよう。特に日本には褒章を受賞するような職人がたくさんいるのにそれすら一般にはほぼアピールしていない。まだまだ紹介が足りないと思う。そしてこの紹介は本人たちのモチベーション・アップにもつながる。

・工場や研究所、仕事場など、商品が作られる現場を、リアルに訪れたファンに案内・説明できる体制にしておこう。いわゆる見学ツアーみたいなものである。これはファン・ミーティングやファン・イベントにも使え、ファンたちが大変に喜ぶものになる。

・人気経済番組に取り上げられるのを待つのではなく、自分たちで動画を作ろう。それも、一般に受けるものではなく、ファンに受けるようにそれなりにマニアックにしよう。動画まできちんと見に来るのは20％のファン、もしくはファン候補者である。彼ら彼女らの信頼を強くするためにもっとアピールしよう。

・なにかしらの賞を獲ったのであれば、わかりやすくきちんと掲示しよう。日本企業はその辺、謙虚すぎる。それはファンたちに自信をもたせ、喜ばせることにもつながっていく。

など、できることはたくさんあると思う。

え？　サイト上に載せても、ネットを活用していない人がとてもたくさんいるって67ページで書いてたじゃんって？

その通り。ただ、彼らはネットを日常的には活用していないだけである（メールとＬＩＮＥとソーシャルゲームくらいしかやっていない）。彼らもネットで調べる手段（スマホやＰＣ）は持っている。だから、興味が湧いたりファンになったりしたら、検索してちゃんとサイトに来てくれる。そういう稀少な機会を逃さず、しっかり伝えて信頼を強くしようということだ。

なお、製造工程などをサイトで紹介するときに、ファンシーなキャラクターなどを案内役にする企業がよくあるが、キャラを使用する前に「どういう20％がファンなのか」「どういう20％にファンになってほしいのか」をよく考えたほうがいいと思う。

本当にそのファンシーなキャラ、必要ですか？　ファンが喜びますか？

あなたの企業の製造工程をわざわざ見に来るのは、一般人よりも「ファン」である。その20％の信頼を強くすることが80％の売上に直結するし、ＬＴＶも上げるのである。万人にやさしく見てもらうのではなく、もっとファンを意識しよう。

# I　社員の信頼を大切にし「最強のファン」にする

## 日本人は、世界で一番、自分が働いている企業を信頼していない

少々ショックな調査結果がある。

世界最大のPR会社エデルマンの調査によると、日本人は世界で一番「自分が働いている企業を信頼していない」国民だそうである（図22）。

ふーん、ロシアより低いんだね……なんてことはどうでもいいんだけど、これ、逆にチャンスだなとボクは思った。日本の多くの企業で社員は自分が働いている企業を信頼していないのであれば、社員から信頼されている企業は「目立つ」ということだ。

社員が自分の企業を信頼し、誇りを持って働いていることは、社外のファンの信頼に直結する。自分の企業を信頼してない社員がたくさん働いている企業を、社外の誰が信頼するだろうか。

**社員は自分が働いている企業を信頼していない**

自分が働いている会社に対する信頼度（%）

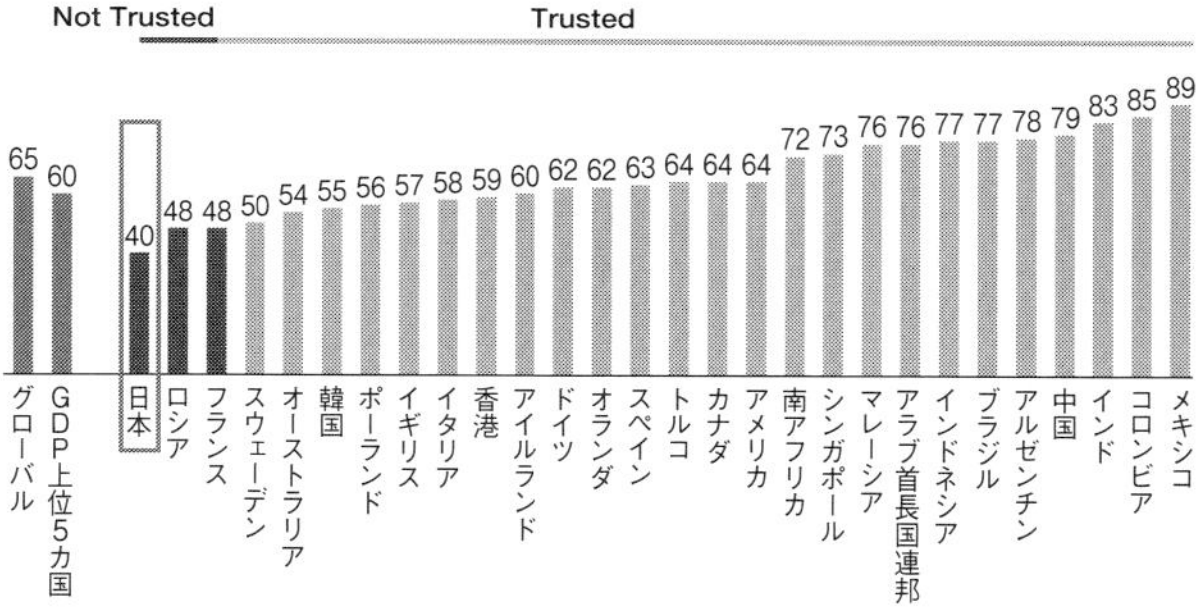


http://www.slideshare.net/EdelmanJapan/2016-57835685

図 22

## 社内は社外である

ネットやSNSの普及により企業の内部事情もすべて見えてしまうようになった。「透明性の時代」と言われて久しい所以である。ブラック企業にしても、外から調査が入って初めて露見するわけではない。すべて社内からブラックな評判が漏れ出てきたのである。

しかも最近では漏れ出るスピードが増している。この前など、不祥事があったある会社で、社長から社員全員に送られたメールが、即日ネットに流出した。

だからって「コンプライアンスを強めて社員を規制しなくては！」ではない。**絶対漏れるのだ。絶対流出するのである。**監視の目を強めれば、確かに即日での流出は防げるかもしれない。でも社内の雰囲気をかなり悪くするうえに、いずれにしても数日後には必ず流出しちゃうであろう。

というか、今月も来月も契約社員や派遣社員、アルバイトなどが満期で辞めていくのである。辞めた人は基本的にコントロールできない。そう、その人たちは（匿名で）言いたい放題言えるのだ。特に悪い社内情報は必ず流出する。社内はもう社外と同じ、ということだ。

## 社外で信頼されたかったら、社内で社員に信頼されないといけない

社内＝社外なのであれば、社内の共感＝社外の共感である。社内の愛着＝社外の愛着である。そして、社内の信頼＝社外の信頼である。社員たちの感情が、そのまま外に出ていくと思ったほうがいい。

考えてもみてほしい。社員が1000人いるとして、たった1割が社外で愚痴を言ったとしても、彼らのオーガニックな言葉は80ページの図15のようにすぐ数万人に広がっていくのである。しかも社内の生な情報だ。話題にしやすいスキャンダルみたいなものである。**特に地域を拠点にしている企業にとっては致命的**だ。地縁・血縁を通じてあっという間に広がってしまう。

また、ある老舗メーカーで聞いてちょっとびっくりしたのだが、自社製品を使ってない社員が3割にも上っていた。社員が自分たちが作っているモノを愛していない企業を、社外の誰が

愛し、ファンになるだろうか。自分たちが楽しんだり面白がっていない商品を、社外の誰が友人にオーガニックにオススメするであろうか。

とはいえ、強制して使わせても逆効果だ。ではどうするか。とにかく社員の「社に対する共感・愛着・信頼」を獲得することが先決である。

大丈夫。最初からその会社を嫌いになろうと思って入社する社員はいない。少なくとも「好きになりたい、愛したい」と思って入社してきている。だから、彼らの共感・愛着・信頼を築く、もしくは取り戻すのは、茨の道ではない。

## 「この企業はちゃんとしている」という感情が社員に湧くようにする

まず一番最初にやるべきなのは、創業の志、そしてミッションを共有し直すこと。この企業は、生活者のどんな課題を解決するために創業したのか。まずそれを社員と深く共有し直すべきだ。

そのためにはインナー・コミュニケーションが必要だ。

朝礼でミッションを唱和しよう、とかではない。もっと深く共有しないといけない。ワークショップなどの共同作業をしたほうが効果が上がる。創業の志やミッションなどについてディスカッションし、我々は何をすべきか、何ができるかを、社内でチームを作って考えていくのである。

このあたりのことは『明日のプランニング』で書いたが、まずは全員が同じ方向を見て、生活者の課題解決をしていくことが社員の共感・愛着・信頼に直結する。

ちなみにスターバックスは、「愛着」の項でもちらりと触れたように、40時間以上に及ぶと言われる独自研修を、社員だけでなくアルバイトも含めた全従業員に課している。マニュアルを刷り込む研修ではない。その大半を「ミッション」に当て、それぞれの身に深く浸透させている。逆に現場にマニュアルはなく、ミッションが浸透した従業員それぞれの裁量に任せている。

## 本業周りで社員の信頼を作っていく

特に社員の「信頼」を強くしていくためには、「我が社はちゃんとしている」と社員自身が思うよう、本業周りを整えることがとても重要だ。

「丁寧に、誠実に、本業をやっていくのだ!」という意志を強く社員に示し、開発工程から製造・制作工程まで、決して手を抜かない「社の姿勢」を社員に見せることだ。この辺は地道な作業であるが、社を挙げて本業周りを見直すことは確実に社員の信頼を作っていく。

ちなみに、社内で慣習的に行われてきたことが信頼を崩すことにつながることがよくあるので注意が必要だ。小さな例かもしれないが、ボクの友人は「ノルマ必達！」を押しつけてくる会社に悩んでいた。

ノルマのプレッシャーに悩んでいたのではない。外では「お客様第一主義！」と声高に言っているのに、内部では「ノルマ必達！」と言っている矛盾に悩んでいたのである。

つまり、ノルマ必達を部下に強制すると、お客様を騙してでも数字を上げようという発想になりがちで、お客様の気持ちより数字のほうが大切になってくるという悩みである。実際、彼の部下は口八丁手八丁で売上を伸ばしているという。

外と内では態度が違う会社に対する疑問が日々大きくなり、結局彼はその企業を辞めたわけだが、そういうところまで一貫して見直すことが重要だと思う。

以上、共感・愛着・信頼を強くするファンベース施策を追ってきた。

ファンを大切にする施策というと「ファンとつながる」みたいな実際のつきあいを想像しがちだが、その前に、ファンが共感したり愛着を持ったり信頼を感じたりする「要素」を丁寧に増やしていくことが重要だ。

それらが増えることで、**ファンがオーガニックなオススメをするきっかけが生まれるし、言いたくなるような状況を作れるし、言いやすくなるような環境ができていく**のである。

次の章ではそのような「きっかけ・状況・環境」をより前に進める方法を説明する。

第四章

# ファンの支持をより強くする3つのアップグレード〜熱狂・無二・応援

**この章のポイント**

ファンベース施策としては「共感・愛着・信頼」施策をまずちゃんとやることが重要だが、より支持が強い4%のコアファンを作り、さらにLTVを上げていくためには、「熱狂」「無二」「応援」という3つのアップグレード施策が必要である。全部をやる必要はない。どれかを小さく始めて継続することでコアファンの姿は見えてくる。とにかく一歩、踏み出すこと。担当できる範囲で始めてみること。それをオススメしたい。

## まずは「共感・愛着・信頼」施策をちゃんとやることが先

この章で説明する「熱狂・無二・応援」施策は、ファンベース施策の発展型というか、アップグレード版である。

ボクは、第三章で書いた「共感・愛着・信頼」施策を丁寧に実行すれば、ファンベース施策としてはそれなりにゴールに近づけると思っている。基本的だが大切な施策が多く、それらだけでもファンが離れることを防げるだろうし、LTVも上がっていくだろう。ファンから類友へのオーガニックなオススメも自走式に動き出す。そして、きっとファンの中の何%かはそのままコアファンになってくれることだろう。

だから、まずは「共感・愛着・信頼」施策をしっかりやることをオススメしたい。

特に今までファンベース施策をあまりしてこなかった企業は、まず第三章で書いたことに取り組まれるほうがいいと思う。業種や商品ジャンル、市場状況などによって施策も変わってくるので、ある程度試行錯誤が必要だからだ。

というか、共感・愛着・信頼という土台がしっかりできていないと、熱狂も無二も応援も機能しない。この章は、あくまでもアップグレード版なのである。

そう念を押した上で。

この章ではコアファンをどう作り、どう大切にし、どうLTVを上げていくかを説明していきたいと思う。

## コアファンとは「身内」のことである

第三章でも触れたが、コアファンは「20％のファン」よりも少ない。

ボクはだいたい、20％の中のそのまた20％、つまり全体の4％くらいだと思っている。

44ページで紹介したカゴメの例だと2・5％。

43ページの図9だと3・3％。

40ページの飲料の例だとちょっと多くて8％。

そう、とても少ない。100人いたら、そのうちの2人から7、8人ほどがコアファンになってくれたら御の字なのである。つまり、この章で説明するのは、この「ごく少数」に向けた施策となる。

だからと言って、単純にごく少数のマニアやオタクを中心に考えた施策とは考えないでほしい。

一般的にマニアとかオタクは個人の趣味嗜好を強く優先し、そこを追求する。ファンベースでつきあうべきコアファンをそういう人たち中心だと考えてしまうと対応を間違える。土台となり支持母体となってくれる**コアファンは、そういう「自己中心的な偏愛の人」ではなく、「企業の事情や方向性をわかった上での偏愛な人」にすべきである。**ちゃんと企業の身になってくれる人を中心につきあうことを意識しよう。

カフェの常連さんの例でいうと、「我が家のようにくつろげる」という価値を自己中心的に考えて、自分が大好きなアニメキャラのフィギュアとかを「店に飾って～！」と持ち込んで「自分個人の我が家な感じ」を押し付けてきたりしたら、いくら毎日来てくれていようが、本当の意味での常連さんではない。

店のことを考えてそう言ってくれるのはありがたいが、店が大切にしている価値を理解していない。真の常連さん、特に超常連さんとも言えるコアファンは、もっと店が大切にする価値を考え、優先してくれる。店側に立って、一緒に店のことを考えてくれる。「ここの飾り付け、もう少しさりげないともっとこの店っぽい我が家感が出るかも」「料理、逆にもっとカジュアルなほうがこの店っぽいよ」みたいに、方向性をしっかり理解したうえでサジェスチョンしてくれる。つまり、**コアファンとは、お客様というより、大切にする価値を共有し喜び合う「仲間」であり、もっと言えば「身内」とも言える人なのである。**

## コアファンに対して必要以上にへりくだる必要はない

コアファンとは大切にする価値を共有する「身内」である。

そういう意味で、彼らを大切にもてなすにしても、「お客様は神様です」的スタンスはよくない。「身内」に対して下から見上げるような態度になってはいけない。

コアファンになってくれた(と思った)人を神様的に扱い、下にも置かない扱いをする担当者は意外と多い。そういう態度こそがファンベースだと勘違いしている人も多い。違う。**それは単なる「平伏」だ。お金をより多く使ってくれている人への「土下座」である。**「はじめに」でも書いたが、企業がやっていることは「生活者の課題解決」であり、それは最大の「社会貢献」なのである。そういう価値を、お金で生活者と交換しているわけだ。

つまり、**価値的に対等**、なのである。

もちろん金銭関係的な上下はある。でも**必要以上にへりくだる必要はない。それだけの価値を提供しているのだ、と、誇りを持つべき**だ。

特にコアファンは、その「価値」を強く支持している人たちである。企業によるその課題解決に強く共感している。本当にうれしく思っている。そしてそれを金銭で等価交換できることに感謝すら感じている。**だからこそ、ファン・ミーティングやファン・イベントをやると、フ**

**アンのほうから感謝される。**「いつもありがとうございます！」「いい商品を作ってくれて、ありがとうございます！」などの言葉を、社員に対してくり返し言ってくれたりするのである。**真のコアファンは、対等に扱われるほうが喜ぶ。**彼らをもてなすのはいい。感謝を伝え、いい体験をしてもらおう。でもへりくだりすぎないこと。胸を張り、誇りを持ってコアファンとつきあおう。**逆に言うと、特別扱いや接待を要求する人は、身内ではない。コアファンではない。というかファンでもない。クレーマーの類いである。**

## コアファンは時に社員より頼もしい

コアファンは身内であると同時に、時に社員より頼もしい存在となる。

拙著『明日のコミュニケーション』でも紹介したが、「企業・ブランド・商品に関するSNSサイトなどへの書き込み経験」を調査したところ、左のような数値が出た。これ、行動内容的にもパーセンテージ的にも、まさにコアファンである。

- 共感する企業やブランドに関する私的（非公式）な応援サイトを作った【3・3％】
- 共感する企業やブランドの競合商品を批判する書き込みをした【4・5％】
- 共感する企業のSNSの炎上を目撃して、擁護の書き込みをした【2・9％】

・企業のＳＮＳに、商品やサービス改善に関する意見を伝えた【６・５％】

調査：電通コミュニケーション・デザイン・センター次世代コミュニケーション開発部

ちょっとすごくないですか？　まさに身内の行動だ。そして彼らコアファンの言葉が強力かつ頼もしいのは、一般生活者のオーガニックな言葉だということ。社員が右のようなことをしたら逆に「やらせ」や「ステマ」と見られて炎上する可能性があるが、一般生活者の自然な言葉だからこそ、説得力をもって周りに伝わっていく。しかも80ページの図15のように、このたった数％から、すぐ数万人、数十万人まで広がっていくだろう。

**身内は、まだファンじゃない人を熱心に口説いてくれる**

この伝わらない時代、友人のオーガニックなオススメこそが人の心を動かすことは、第二章で触れた。そして、第三章で書いた「共感・愛着・信頼」を増やせれば、かなりのファンは周りの類友にオーガニックなオススメをしてくれるようになると思う。

ただ、**もっと積極的に「伝えたくて仕方がない人」**がいる。コアファンである。言うなれば「境界線を渡ってこっち側に来た人」である。

例えば、あるラテンバンドが今度ライブをするとする。そのバンドのファンなら、友人知人にシェアして広めたりしようとするだろう。でも、あなたが、ファンが高じて「こっち側」、つまりバンドの「身内」的な立ち位置になっていたらどうだろう。あなたはすでに関係者に近い。ファンから一歩踏み込んだ人である。

そうなると、シェアして広めるとか生ぬるい。もっと積極的に「今度ライブがあるんです！来てください！　絶対楽しいです！」と伝えたくて仕方がなくなるだろう。あらゆる手を使って集客しようとするだろう。そして、そのバンドのファンをひとりでも多く増やそうとしてくれるだろう。

それが身内であり、コアファンである。

**広めるだけではない。積極的かつおせっかいに、人々を口説いてくれる。**まだファンじゃない人、興味関心すらない人を、ひとりでも多くファンにしようと熱心に熱心に口説き回ってくれるのである。

**共感→熱狂、愛着→無二、信頼→応援、と、アップグレードしていく**

さて、では、具体的にコアファン施策とはどういうものだろう。

基本的な考え方は、第三章の91ページに則っている。あなたの企業やブランド、商品が大切にする価値を支持するファンの、支持を強くするための3カ条である。

**ファンの支持を強くするための3カ条**
**・その価値自体を、アップさせること**
**・その価値を、他に代えがたいものにすること**
**・その価値の提供元の評価・評判を、アップさせること**

この3つを達成するために、第三章ではそれぞれに「共感」「愛着」「信頼」を強くしたわけだが、この方向性はコアファンにおいても変わらない。

**共感 ↓ (価値自体を、もっとアップさせる) ↓ 熱狂**
**愛着 ↓ (もっと他に代えがたいものにする) ↓ 無二**
**信頼 ↓ (提供元の評価・評判を、もっとアップさせる) ↓ 応援**

共感・愛着・信頼を「もっと」強めて、アップグレードさせる方向だ。図23はこれを一覧にしたものである。では、それぞれに見ていきたい。

**ファンの支持をより強くする3つのアップグレード**

ファンをコアファンにし、さらにLTVを上げていく

| 共感 | 愛着 | 信頼 |
| --- | --- | --- |
| ↓ | ↓ | ↓ |
| 熱狂 | 無二 | 応援 |

**熱狂**される存在になる

J. 大切にしている価値をより前面に出す

K.「身内」として扱い、共に価値を上げていく

**無二**の存在になる

L. 忘れられない体験や感動を作る

M. コアファンと共創する

**応援**される存在になる

N. 人間をもっと見せる。等身大の発信を増やす

O. ソーシャルグッドを追求する。ファンの役に立つ

図23

## 「熱狂」される存在になる

### ポイントは、価値へのより強い支持と身内感

字面が「熱狂」なので、どうしてもキャーキャーイェイイェイウォウウォウするイメージになるが、「はじめに」で書いたように、そういうイメージからは離れたほうがいい。シンプルに「企業やブランド、商品が大切にする価値への支持がより強い人」と捉えてもらったほうがいいだろう。

ファンたちをそんな存在にするためには、どうしたらいいのか。

まずは「その価値をもっと強くすること」。

企業が、ブランドが、商品が、どういう価値を大切に思っているかを、もっとわかりやすく前面に出すことである。それは普通のファンを「そうそう、それそれ！」と強く膝を打たせ、より支持を強め、コアファンにしてくれるだろう。

そういう強い共感を持った人は、当然のように「その輪に加わりたくなる」。その仲間に入

りたくなる。それが「身内感」。そんな彼らを実際に身内として扱うことで、彼らの熱狂度はより高まるであろう。

大きくはこの2つがポイントかと思う。

**J　大切にしている価値をより前面に出す**（↓P178）
コアファンは価値を強く支持している。つまりそれをより前面に出せば出すほど、喜んでくれ熱狂してくれる。ミッションを前面に出すのはもちろん、経営者からの社会的発信や様々な記事への露出などもそれにつながる。

**K　「身内」として扱い、共に価値を上げていく**（↓P185）
傾聴し、自信を持ってもらい、喜んでもらうことにより「共感」が強くなったファンを、「身内」として扱うことでコアファンにしていく。価値観がとても近い彼らと共に、大切にする価値を上げていくことになる。

## J　大切にしている価値をより前面に出す

### あなたの「価値観」を謙虚に隠しておく時代ではない

ここまで何度も書いてきたが、ファンとはあなたの企業やブランド、商品が大切にしている価値を支持している人である。つまり、その「大切にしている価値」を前面に出せば出すほど、価値観が近いファンがその存在に気づいてくれ、支持を強めてくれることになる。

第三章100ページで書いたように、まだその価値自体にはっきり気づいていない企業もある。そういう企業は、ファンへの傾聴をくり返し、共感ポイントを知っていくべきだ。そのうえで、そういう価値観をより前面に打ち出すことである。

もちろん、価値観の最大の体現は「商品」ということになる。商品を、ファンが支持する価値に沿って開発・改良・改善することは、一番のファンサービスでありコアファンを作る一番の要因になる。

ただ、**もともと「大切にしている価値」がある程度はっきりしている場合は、まずそこを明**

**確に前に打ち出すべきだろう。**そうすると生活者はその価値にもっと気がつきやすくなる。今ファンの人も、なんとなくだった支持がより明確になり、もっと好きになる。そして、その中の一部がコアファンにまでなってくれる。

## 自分たちが大切にしている価値をもっと前面に打ち出す

故スティーブ・ジョブズは「Think Different」というブランド・スローガンを世界に発表する前に、社員を集めてプレゼンしている（1997年9月23日）。そのスピーチをここに抄録する（巻末8　スティーブ・ジョブズがApple社内で"Think Different"について社員に向けて語ったこと）。

> 世界はとても複雑です。世界はとても騒々しいのです。私たちが人々に覚えてもらうためのチャンスを得ることはなかなかありません。**だからこそ私たちは、顧客に何を知って欲しいのか、本当に明確にする必要があるのです。**（中略）
>
> ナイキが日用品や靴を販売していることは周知の事実ですね。それなのにナイキをイメージした時、ただの靴の会社とは異なる何かを感じませんか。ご存知のように、ナイキの広告では、製品については一切語られないのです。リーボックよりも良いかもしれないエアソー

ルについても一切語られません。

では、ナイキは広告でいったい何をしているのでしょう。偉大な選手を称えて、スポーツの偉大さを称えているのです。それこそがナイキのしていることなのです。（中略）

「私たちの顧客が知りたいのは、アップルはいったい何なのか？」

「私たちは、いったいどのような意味を成すのか？」

「私たちは、いったいこの世のどのような場所に存在しているのか？」

私たちがまさにしようとしていることは、いくら得意だったとしても、人々が仕事を成し遂げるための「箱」を作ることではないのです。場合によっては私たちは誰よりもうまくできます。しかしアップルはそれ以上のものなのです。

アップルのコアの部分、**そのコアの価値は、情熱を持つ人たちが世界をより良いものに変えることができると、私たち自身が信じているということ**です。それこそが私たちの信じていることなのです。（注・太字は筆者）

ジョブズはこのスピーチをしたあと、「Here's to the Crazy Ones」で始まる有名な「Think Different」CMを社員に披露した（巻末9　CM動画「Think Different」）。

これは「信頼」の項の「社員を最強のファンにする」につながる大切な過程でもあるのだが、ここでは、彼が「私たちの信じていること」を「本当に明確にする必要がある」と言っていることに注目したい。彼はそれをわかりやすく強いインパクトで伝えるために、「Think Different」という短いブランド・スローガンにして世界に広く発信したのである。

**これが発表された当時、ボクを含め、アップルのファンたちがいかに強く支持し、熱狂したか。ああそうだ、これこそが私たちが大好きなアップルだ、と、あらためて気がついたのである。**そして大好きなアップルを周りにオーガニックにオススメし、身内的に必死に口説きまくり始めたわけである。

ミッションや社是をそのまま世の中にアピールしても共感されそうになければ、この例のように、そして「JUST DO IT」と叫び続けるナイキのように、**ブランド・スローガンにして打ち出すのは有効**だ。そしてそれは、**一般生活者に届けるというよりも、ファン、コアファンを意識して作り、打ち出したほうがいい**だろう。

**80%の浮動層は、残念ながらすぐ忘れる。あなたのその大切な言葉をしかと受け止め、強く支持し、愛してくれるのは20%のファン、そして4%のコアファンなのだ。**彼らの心により強く響かせることが大切だ。彼らは周りにそれを広めてくれる。

## 自分自身の価値観ならどう前に出すか

「自分たちが大切にしている価値をもっと前面に押し出す……。まぁミッションを世の中に発信するとか、そういうことかなぁ……。そんなの興味持ってくれるかなぁ……。うーん……」

と、そこから発想が広がらない場合は、自分自身に置き換えて考えてみるといいと思う。

あなた自身だったら、自分の価値や価値観をどうやって前面に押し出し、相手にわかってもらおうとするだろうか。自分ってどういうタイプか、どういうことを考えているか、どんな生き方をしていくつもりなのか、それをどうやってアピールするだろう。

「んー、例えばファッションや髪型、小物なんかを自分らしくする、とか?」

それはとてもわかりやすい方法だ。あなたがどんな人なのか、カジュアルなのか、オーセンティックなのか、明るいのか、サブカルなのか、先端系なのか、とてもわかりやすく人に伝えることができる。

それに当てはめると、例えばあなたの企業の本社ビル。外面からエントランスの感じ、受付の制服や社内のインテリアなど、それは「あなたの企業らしい価値観」が前に出ているだろうか。これは店舗や店頭、商品パッケージ、自社サイト、SNSタイトル画像、SNS投稿写真など、世の中に表出するものすべてに対して言えることだ。価値を理解し支持してくれるデザイナーと一緒に、ひとつひとつアイデンティティを統一していくだけで、価値の総合的なアピールにつながっていく。

「えーと、SNSで発信したり、自分と同じ考えの記事をシェアするのもそう？」

完全にそうである。SNSの企業アカウントは、企業からの一方的なおしらせに終始するものがほとんどだが、もっと根本的考え方を投稿したり、創業者の志を投稿したり、今までの努力や失敗を投稿したりするべきである。それらを継続することで、企業が何を考え、何を目指しているかが（SNSを使っている発信力がある）生活者に伝わるようになる。

また、あなたの企業の価値観と近い記事があったら、それがライバル社の事例であっても臆せずシェアしていくべきである。そのシェアを通じて、ファンはあなたの企業の価値観に触れていく。それが一番できる立場にいるのはCEOや経営者だ。SNSを見ていると、自分の考え方を個人でどんどん発信したり、自分と近い考えの記事をシェアしている経営者は数多くいる。これからそういう発信力は経営者の必須スキルとなるだろう。

「自分の普段の生活を見せるのも価値観を伝えるのに役立つかな？」

もちろんいいアピールだ。あなたがどんな人か、とてもよく伝わってくる。

後述するマイクロソフトの例（209ページ）のように、社員や社内の雰囲気を実際に見せていくのはすごく伝わりやすい。企業内部の様子や行事なども、見せられる範囲でいいので、積極的に見せていこう。

例えば人気通販サイト「北欧、暮らしの道具店」を運営しているクラシコムは、社員食堂での様子や社員の出勤風景、社員のお宅訪問などを、インスタグラムのライブ機能を使って動画配信をしていて、コアファンに大人気である。価値観の近いコアファンはこれらの投稿を大変喜び、親近感を強めて「身内」になっていく。

他にもたくさんの例がある。ちゃんと見える化することで、ファンはその価値への支持を強める。それがコアファンを作り、定着させることにつながっていく。

熱狂される存在になる

## K 「身内」として扱い、共に価値を上げていく

### 大切なのは最初の関係性設定

この章の冒頭でも書いたように、コアファンとの関係を考えるとき「身内」とイメージすると、より関係性がはっきりすると思う。馴れ馴れしくしろ、という意味では決してない。ただ、必要以上のへりくだりや平伏はいい結果を生まないという意味だ。

そりゃ相手も人間だから、そういう扱いを受けたら気分は悪くないし、喜ぶだろう。でも、そのまま放っておくとだんだん増長するし、次第に「そういう扱いされて当たり前」みたいになっていく。

カフェの例で言うと、その常連さんが来ると、特別メニューを出したり、内緒で安くしてあげたりと、他のお客さんとあからさまに待遇に差をつけるようなことである。結果、最初は素直に喜んでいた常連さんも、だんだんそれが当たり前になり、自ら要求し出すようになる。そして他の客に、「おれはこの店で特別扱いを受けているＶＩＰだ」的態度を取り始め、「主《ぬし》」み

たいに他の客たちを仕切り出す人まで出てくる。こうなると逆に「うざい人がいる店」ということで、他のお客さんは遠ざかっていく。

ファン・コミュニティやSNSも同じで、そういう「困ったコアファン」に育ててしまうと、後々とても面倒なことになる。

そうならないためには、**最初に「身内」という関係性設定をすることが大切だ。**「身内として何か役に立ちたい」「仲間として一緒に何かしたい」と思ってもらうこと。それが、彼らを逆に喜ばせるのである。

例えばあなたのお店があまりに忙しくて手が回らないとき、常連さんに「ちょっと○○さん、この料理、あのお客さんに運んでくれない？」と頼んでも、イヤな顔をする常連さんはいない。逆に喜ぶだろう。知っているあるバーなど、忙しくなると常連さんがカウンターの中に入って手伝ったりする。そのときの常連さんのうれしそうな顔と言ったらない。

そういうのが身内感であり、仲間感なのである。

## 身内として役に立ってもらうアンバサダー・プログラム

アンバサダー・プログラムというマーケティング手法がある。これは、コアファンと一緒に価値を上げていく施策として、代表的なものだと思う。

このアンバサダー・プログラム、商品をオーガニックに周りにオススメしてもらう広報の役割をファンに担ってもらうパターンが一番多い。NPSが高かった人などに「あなたをアンバサダーに任命させてもらうので、周りの友人にオススメしてくださいね」ってお願いするイメージである。

アンバサダー・プログラムの中では、その元祖的存在である、**ネスレ日本の「ネスカフェアンバサダー」の事例**が、もっとも重要かつ本質をついていると思う。

ファンはネスレから「身内」扱いされる。

そして与えられた役割を担っているうちに自然にコアファンへと育っていき、ネスレと一緒によりよいサービス作りに取り組んでいく格好になる。

くわしくは検索していろいろ読んでほしいが、ネスレ側は職場にコーヒーマシンを無料で貸与し、数回訪問する程度だ。あとは職場のアンバサダーが専用のコーヒーカートリッジをネスレから定期購入し、皆が飲んだコーヒー代を集金し、コーヒーマシンのメンテナンスまで、すべてあるいは職場の同僚と分担して行うのである。

最初は総務の人か誰かが、「職場にコーヒー欲しいな」「安く飲みたいな」「コーヒーがあるとみんなが集まるな」「職場が笑顔になるかもな」くらいに思っていて、「あ、コーヒーマシンを無料で使えるんだ！」と、軽い気持ちで応募した程度だったかもしれない。ネスカフェのファンですらなかったかもしれないくらいだ。

でも、アンバサダーという役割を任せられ、日々職場でネスカフェに接し、ネスレから様々なサポートをうけ、意見を求められ、パーティーやキャンプに招待され、と、しているうちに、ネスレのファンになり、日々ネスレの身内みたいに扱われることで、どんどんコアファンになっていく。

「ネスカフェ　アンバサダー」はどちらかというとビジネスモデル開発であるが、コアファンが喜々として身内役を担ってくれる仕組みとしても非常に優れた例だと思う。これに比べると、アンバサダー・プログラムはやっていても、まだまだコアファンに「身内的喜び」を提供し切れていない企業は多いのではないだろうか。

なお、様々な企業のアンバサダー・プログラム事例については、『顧客視点の企業戦略――アンバサダープログラム的思考』（藤崎実／徳力基彦著・宣伝会議）という本にくわしいので、読んでみてほしい。

## 身内であるコアファンと一緒に価値を上げていく

身内とともに「価値」を上げていく例としては、いろいろ毀誉褒貶はあるものの、ＡＫＢ48の事例はやっぱり参考になるな、と思う。

ＡＫＢ48運営側はファンを完全に「身内」扱いしているし、コアなファンも完全に自分たちを「身内」と思って応援している。

こういう関係性になるまで、ＡＫＢ48は10年以上いろいろ地道にやってきている。「会いに行けるアイドル」というコンセプトを体現した秋葉原のＡＫＢ48劇場は、たった２５０人しか入れない。そこで、10年以上毎日コアファンとの接点を保ち、「コアファンこそが大切だ」というアピールを続けてきたし、１日６時間かかる握手会などでコアファンを喜ばせたりしてきたのである（この価値にピンと来ないのであれば、それはあなたがＡＫＢ48のコアファンではないというだけのことだ）。

普通、握手会をやるよりもテレビなどに露出したほうが効果的と考える。でも彼らは、特定のコアファンを大事にし、そこに注力し続けたのである。そのうえで「ＡＫＢ総選挙」において、商品であるＡＫＢ48のステージ上の並び順までコアファンたちに委ねたのである。

結果、コアファンたちはＡＫＢ48、そして自分の「推しメン（イチ推しメンバー）」の身内的存在になっている。身内として彼女らを支え、一緒に「価値」を上げていくことを喜び、様々な活動を自主的にするようになる。

この事例は、全体に上手に構成されすぎているせいもあって「ＡＫＢ商法」とか呼ばれるし、たまに暴走するファンがいたりもするが、**20％のファン、そして４％のコアファンだけを見て、**

**彼らとともに10年以上地道に価値を上げ続けた好事例**だ。この継続力がすごい。ブームになってからもそのアプローチを変えなかったところもすごい。

だから、たとえ世間的なブームが去っても、コアファンを大切にするファンベース施策をやり続けている限り、彼女らへのコアファンからの支持はなかなか落ちないのではないか、と思っている。企業やブランド、商品にも応用できる例だと思う。

## 「無二」の存在になる

### 自分の人生になくてはならないもの

山口瞳は全集をもっているくらい大好きな作家だが、名随筆『行きつけの店』で、九段下の鮨屋を称してこう書いている。

「九段下寿司政のシンコを食べないと、私の夏が終わらない」

当時と違って流通がより発達した今、産地が変わって初夏がシンコ（コノシロの稚魚。コハダの小さいの）の旬になってしまった。だからこの言葉通りにはなかなか行かないのだが、でも、シンコの季節になるとボクはいつもこの言葉を思い出し、あぁこういう「自分にとって唯一無二の店」をもった人生っていいなぁと憧れる。

ボクは、この山口瞳の寿司政のような存在を、唯一無二と呼ぶのだと思う（この項では、熱狂や応援とわかりやすく揃えるために「無二」と二文字にしている）。第三章で書いた「愛着」も「他に代えがたいもの」だったが、「無二」というのはそれよりも強い関係性をもった**「自分の人生になくてはならないもの」**に近い。

商品が大量生産のものであるなら、なかなかユーザーの人生になくてはならないものまで行き着くのは難しい。愛着までは行けても、唯一無二までは行きにくい。

ただ、ファンベース施策で、そういう関係性や想いを商品に纏わせることはできる。それがこの項になる。

**L　忘れられない体験や感動を作る**（↓P192）

人生の中でもエポックメイキングになるような、忘れられない強い体験や感動を作ると、その企業・ブランド・商品は、その人の人生と共にあるものになる。ただし事前期待を上回る体験やサプライズが必要だ。

**M　コアファンと共創する**（↓P202）

商品の企画開発や製造工程、制作過程に、コアファンが参加する。それはその商品をコアファンにとっての「無二」にするだろう。薄いファンを集めた共創はたくさんあるが、人生になくてはならないものにするにはもっと濃い関与が必要だ。

## 無二の存在になる

### L　忘れられない体験や感動を作る

#### 忘れられない体験を作り出した広島東洋カープ

野球の広島東洋カープの取り組みは、ファンベースの好例に溢れている。ファンを「黙っていても応援し続けてくれる人」と軽視していた従来の取り組みを改めて、根本から方針をファンベースに変え、黒字化に成功している例でもある。様々な施策を打っているがここでは東京のカープ・ファンを広島に招いた例を紹介しよう。

ひと言で言うと「**ファン・イベントを忘れられない体験にした**」のである。

球団は約500万円を負担し、東京〜広島間の往復チケットをプレゼントした。招待された関東在住のカープ女子は148名（応募総数2305名）。

そこでのもてなしが、度を超えている。まず、新幹線の中からして盛り沢山。お弁当は赤を基本とした特製のものだし、乗車券拝見に高橋建元選手が登場してキャーだ。球団キャラであるスライリーも登場するし、ファンにはよく知られている球団オフィシャルカメラマンの、やまべくみさんも登場する。

球場に着いてからも手を緩めない。座席となったパーティーベランダには様々なもてなしが用意され、食事も決して贅沢なものではないが、気持ちのこもったもの。資生堂とのコラボでメーキャップ講座まであったし、なんと試合前にはサプライズ・ゲストとして前田智徳元選手（ファンにとっては神）が登場しキャーキャーである。前田元選手自ら、見どころ解説や記念撮影なども行った。最後は大入り袋が配られてのお見送りで、中国新聞からの号外まで配られたりするもてなしであった。

徹底的にファンの身になって考えられたこのイベントを、カープの企画グループ長兼広報室長の野平眞さんはこう語る。

「球団としての〝お礼〟ということでイベントを行いました。それでもチケットは買っていただいていますから。ツアーを行って、関東のお客さんを呼び込もうということではないんです。関東でカープを応援してくださっている方たちは、広島に行こうと思っても交通費を毎回出して来るのは難しい。『広島で野球を見てください』という気持ちから行われたもので、関東の女性に向けて特別アプローチしているわけではないんです。せっかく来てもらうんだから、『楽しかった』と言ってもらえるように、メーキャップ講座やプレゼントなどの企画を盛り込みました」(巻末10　広島カープファンの輪が広がり続ける理由。ユニーク施策の原点は「感謝の気持ち」)

この企画に参加したファンは、すでにそれなりにファンだったとは思われるが、このイベント後、確実にカープが「人生の唯一無二の存在」に昇華したと思う。

野球などのスポーツは「ファンを作るには勝つことが一番」と言われるし、確かに強いチームはファンが増える。でも、それはそのチームが弱くなると離れていく浮動層である。**このイベントに参加したファンは、コアファンになり、カープが弱くなったとしてもずっと離れず応援してくれる存在になるだろう。**そういう少数(だけど売上の大半を占める)をしっかり作っていくのが、ファンベースなのである。

### ファン・イベントで事前期待を上回る

熱狂の項でとりあげた「ネスカフェ　アンバサダー」の、「アンバサダー・キャンプ」という泊まりがけのイベントに参加させてもらったことがある。

伊豆のキャンプ場を貸し切ってアンバサダーとその家族を100人ほど招待し、テントに泊まるイベントだ。アクティビティがあったり、一緒にカレー作ったりして楽しくキャンプした。

その中で、事前期待を上回る忘れられない体験をした。夜、スタッフから「イベントがあるので広場に集まってくださ〜い」と言われたので、まぁ何か余興があるのかなくらいに軽く考え、テントを出て向かったのである。

そしたら、なんと、サプライズで石井竜也さんが登場したのである。

何の事前情報もなかったから、アンバサダー一同驚愕した。だって伊豆の田舎の山奥である。たった100人ほどの観客なのである。彼は、満天の星空のもと「星に願いを」や米米CLUBのヒットナンバーから「浪漫飛行」「君がいるだけで」などを歌ってくれた。アンバサダーの中には、感動で泣いている人もいた。

これも「無二」を作る体験だ。

翌日、朝のコーヒーを飲みながら、隣のアンバサダーがこう言っていた。「いや〜、一生ネスカフェについていきます！」

## 身内であり仲間であるファンと一緒に楽しむ

もしかしたら、カープやネスレのこういう企画を読んで、「コアファンが身内であるなら、ここまでのもてなしはいらないんじゃないの？」と思う方がいるかもしれない。いや、もてなしは（忘れられない体験として）大切だ。ただ、ポイントは「対等」ということ。へりくだりすぎないことである。

アンバサダー・キャンプでは、ネスレの人たちも、イベントを仕切ったスタッフたちも、アンバサダーたちに対して絶妙な距離感を保っていた。タメ口まではいかないが、お客様扱いでもない対等感覚が現場に溢れていて、一緒にキャンプを楽しんでいた。ここがポイントだと思う。

そのポイントがよりはっきり出ているのが、次の例である。

「よなよなエール」を製造販売しているヤッホーブルーイングの、ファン・イベント「超宴《うたげ》」である。この「超宴」は、ファンをチームの一員として迎え入れる、というスタンスで行われる。井手直行社長は、ある記事でこう語っている（巻末11　ファンの熱狂は、社員の熱狂から！ヤッホーブルーイングの、「どん底」からの組織づくり）。

僕らのやっているファンとの交流イベントも、要するにファンとチームビルディングを初期状態からやるのと同じなんです。

初対面の人に、プライベートのことを突っ込んで聞けないじゃないですか。だから、ファンとも最初のうちは、こちらが誘導しながら、それぞれが自然と交流できる「自己紹介タイム」を取っています。

あとは、ファンに必ず「ニックネームを書いた名札」をつけてもらっています。他にも「チーム分けしてクイズ大会をする」といったアクティビティを通じた交流もあり、例えば「超宴」では、夕方くらいにはみんな結構仲良くなっています。夜には1000人のファンとスタッフで、キャンプファイヤーでマイムマイムを踊ったり。

ファンを増やしたいと思って、打算的に「こうしたら喜ぶんじゃないか」というニーズを調査してみても、そこそこ満足度は上がると思います。でも、僕らのように**「友人であるファンと一緒に楽しむ」**という前提だと、スタッフ同士がギクシャクしていたりビジネスチックだと、ファンは冷めてしまうと思うんです。

**僕らの場合には、まずは僕らスタッフが楽しんで、それをお客さんに「一緒に楽しみましょう」と分かち合うスタイルを取っています。**こうやって、本当にお客さんの事を考えて巻き込むことで、よなよなエール好きのファンが少しずつ増えてくださっているんだと思います。（注・太字は筆者）

ヤッホーブルーイングのサイトにいくと、当日の雰囲気がよくわかる「超宴」特設サイトがあるので、一度見てみるといいと思う。ファンたちとスタッフたちが一緒に心置きなく楽しんでいる。

井手さんは別の記事でこうも語っている。（巻末12　ヤッホーブルーイング社長　井手直行さん「売り上げにつながらない取り組みがファンを作る」）

よく言われるのは、〝これやって売り上げにどれくらい効果があるんだ〟という、すぐ売り上げに結びつけちゃう思想があるので、なかなかできないですよね。

〝何でこんなことやるんだ〟、〝何の売り上げにつながるんですか？〟と言われていたんですけど、〝いやいや、これは大事なんだ。ファンの支持がなかったら駄目なんだ〟と。

結果的にそれが、ファンのロイヤリティ、愛着とか支持してくれる源泉みたいな思いが芽生えてくるし、いろいろな人に広めてくれることにつながっていく。（中略）**お客さんが喜んでくれさえすれば、後からしっかり売り上げがついてきて、経営が成り立つ。**

なかなか難しい選択なんですけども、私たちの場合には、幸いというか、どん底の時代があったので、そういう過程をたまたま踏んだので、今はそれを勇気をもってやれるということだと思います。（注・太字は筆者）

対等にもてなす。一緒に楽しむ。これは、簡単そうに見えて、関わるスタッフ全員がファンに対する基本スタンスを共有してなければ、なかなかうまく行かないことだ。なので、企画・実行する前に、そのスタンスをスタッフ間で何度も深く濃く共有する必要がある。それが無理な時は、特に熱心なスタッフ数人とまずは小規模でやってみることだ。イベントはコアファンと何時間も一緒にいる分、表面的にやると彼らにすぐ見抜かれてしまう。

## 忘れられない「真実の瞬間」

イベントのように「忘れられない体験」を狙って作っていく施策もあるが、日頃の社内教育や現場での薫陶が活きてくる場合も実は多い。

次に挙げるのはボクの友人の体験で、フェイスブックにアップされていたものである。彼女はこのたった1回の「強烈な真実の瞬間」で、JTBが無二の存在になったのである。

【めちゃくちゃJTBのファンになったという話】

金曜日までケアンズで足止めかと思いきや、なんだかんだ昨日の夜に帰ってこれました。

もともと、火曜日のケアンズ→成田直行便で帰るはずだったのに、その便が機体トラブルで欠航。ＪＴＢを通して航空会社から提示された振替え便が金曜日！

いやいやいやいや大人だけならタダで夏休み延長でラッキーだけど、2歳児連れてあと4日留まるのは、着替えもオムツも足りないし、食べ慣れてない食事を続けさせるのも……総じてしんどい！！！　ということを伝えて、変更や払い戻しの選択肢がないか申し出たものの、航空会社が機械的に決めていてＪＴＢとしては交渉の余地なしと……。

用意された安ホテルでぼーっとしてると、16時ごろＪＴＢからの電話が。現地のＪＴＢ↕航空会社間では交渉の余地がなかったけど、ＪＴＢ日本に掛け合ったところ、水曜日のケアンズ↓ブリスベン経由↓成田便の空きが見つかったとのこと！　喜んでその便に変更してもらいました。

で、ここからが感動ポイントだったのですが、翌日、朝の4時にケアンズのＪＴＢスタッフがホテルに迎えにきてくれ、搭乗まで見送ってくれ、さらには朝7時に到着したブリスベン空港でも現地ガイドが待っていてくれて乗り換えをサポートしてくれる！

火曜日の夕方にこのルートへの変更が決まって、飛行機の手配だけでなく現地スタッフの手配までして、しかもこんな早朝の仕事を承諾してくれるスタッフがいると。組織としての対応力がすごい。同じルートで帰る旅行客が何組かいるなら「まあ仕事だしね」だけど、私たち家族1組だけなんですよ？　人件費とかどうなってんすか。

コアラ抱っこより、ワラビーえさやりより、グレートバリアリーフのカメより、南半球の星座より、ＪＴＢの対応への感動が強烈な思い出になったのでした。

ということで、**これからどれだけ私が旅慣れても、どれだけ旅行比較サイトが便利になっても、私はＪＴＢで旅行しようと心に決めた**のでした。おわり。（注・太字は筆者）

これまで彼女は、ＪＴＢのことを意識すらしたこともなかったと思う。それがたった1回の体験で、一気に「無二」の存在になった。一気にコアファンにジャンプアップしたのである。

真実の瞬間については第三章で書いたが、現場、ＳＮＳ、コールセンターなどでコツコツとそういう瞬間を積み重ねていくと、思いも寄らず一生のコアファンが出来たりする。

また、そういう瞬間を作り出してくれるスタッフや事例を全社的に共有し褒め称えることは「社員を最強のファンにする」ことにつながるし、社内に「大切な価値とはなにか」を広めることにもつながっていく（137ページでリンクしたカルビーのカスタマーセンターの例も参照してください）。

## M　コアファンと共創する

### 共創はコアファンとしなければ意味がない

共創（Co-Creation）とは、平たく言えば、ファンたちと一緒に商品開発をする、ということである。ファンが参加することで、企業側はファンの意見を取り入れながら開発が出来る。ファンは参加できることを喜び、「これ、私も開発に参加した！」と類友にオーガニック・リーチしたりするし、SNSにシェアしたりもする。

一見、欠点のない素晴らしい施策に思えるこの共創だが、実は間違って行われているものがわりと多い。**「参加者をコアファンに絞っていない」**のだ。たいていが公募で一般参加者を募り、リアル会議やネット上のアンケートなどを組み合わせながら開発を行ったりしている。

ネーミングやデザインの共創だったらそれでもいいかもしれない。でも商品開発の場合、一般生活者と共創しても、無難で最大公約数的な商品ができるだけであまり意味はない。売上にもつながらないだろう。

これがコアファンとの共創だと違ってくる。**コアファンは企業が大切にしている価値をよくわかっているので、それに沿って身内として真摯に協力してくれる。**一般ユーザーは、自分の趣味とセンスを元にした思いつきのアイデアを言うだけだ。この差は歴然である。

**マツダのアテンザは、たった5人の熱狂的ファンと共創した**

マツダの主力セダン「アテンザ」は、2009年末、新車開発を前に、**世界から5人のコアファンを選んで、彼らの意見を聞きながら開発を行った。**

これが右の「一般ユーザーが参加する共創」とどう違うか、もう説明する必要もないだろう。一般ユーザーとの共創は「ユーザーの意見をよく聞いて作りました」みたいな「売れなかったときの言い訳」にはつながるが、ファンのツボを押さえた魅力的な商品には絶対にならない。

また、これまでくり返し語ってきたように、ファンは新たなファンを作ってくれる。つまり、そのファンにフォーカスして商品を開発・改良・改善することは、新たなファンを作ることに直結してくるのである。

しかも、この共創は、「マツダはファンの思いをきちんと反映してクルマを作ってくれている！」「さすが、マツダはファンの気持ちをわかってくれている！」という愛着や信頼をファンの間に広げ、自然とコアファンが育っていく。その上、この「開発ストーリー」は、アテンザの背景にドラマを纏わせて「愛着」を強めるし、ファンに何も隠すことなく「本業のど真ん中」に入ってもらうことは、マツダ本体への「信頼」を強くすることにもつながっていくのである。

## 1年かけてコアファンと一緒に新商品を開発していくカルビー「じゃがり校」

カルビー「じゃがりこ」のネット上のファン・コミュニティである「それいけ！　じゃがり校」は、学校を模した構成になっていて、すでに10年続いている優れた事例である。

学校なので4月に新年度が始まり、3年で卒業していくというユニークなシステムだ。で、受験に合格した人だけが入学できる会員制のサイトでもあるので、それなりに濃いファンしか入れないシステムになっている（ここ大事！）。

そして3年かけていろいろな企画に参加してもらい、ファンはゆっくりとコアファンに育っていくわけだが、その中の**最大の学校行事が**「**共創**」なのである。毎年「じゃがり校」の生徒と、1年間かけてひとつの商品を作りあげるのだ。商品コンセプトから味、パッケージやキャッチフレーズ、そしてプロモーション案まで1年かけて一緒に作っていくのである。

具体的にはこちらのインタビューを読んでいただきたい（巻末13　ファンと1年かけて商品開

発、カルビー「それいけ！　じゃがり校」10周年）。4月に生徒たちからフレーバー案を1000案以上投稿してもらい、そこから担当者が約40案に絞り、さらにそこから生徒たちにディスカッションと投票を行ってもらって、最終的にひとつのフレーバーに絞っていくという。

注目すべきは、ほぼ毎月新しい味を発売している「じゃがりこ」の中で、「じゃがり校」で**コアファンと共創した商品が年間トップの売上を記録することが多い**ということだ。コアファンとの共創がきちんと機能している例である。

## CtoC（キャンパー to キャンパー）でつながるスノーピーク

キャンプ用品を製造販売しているスノーピークの事例は、共創でもあり、身内化でもあり、忘れられない体験でもあり、ファン・ミーティングの好例でもある。

これを共創の項で紹介するのは、ファンたちと一緒に体験していることがそのまま商品開発につながっているからだ。

彼らはユーザーをスノーピーカーと呼んで身内扱いしているのだが、**社長の山井太さんは、自ら年間4000〜5000人くらいのスノーピーカーと一緒にキャンプをし、今や、のべ、なんと10万人以上と一緒にキャンプしている**というのである。

「経理の人間も、工場で製品を製造している人間も、普段は外部の人とあまり接しないのです

が、そうしたイベントには全員が参加しています」（山井社長）
しかも、本社自体がそのキャンプ場の中にある。
つまり、スノーピーカーたちが商品を実際に使う現場を毎日見て、彼らの反応を肌で感じながら社員が働いていることになる。究極の共創だ。
「メーカーとして、ユーザーの皆さんを幸せにしたいので、『我々とちゃんとコミュニケーションを取ってください』『私たちにジョインしてください』とお願いしています。我々はB with Cとでも言うべき、新しい顧客との関係を築く会社を創りたいと思っているのです」
「モノには物質的価値と精神的価値がありますが、どんなビジネスでも精神的価値を提供することの重要性が強くなっていると思います。その精神的価値で我々は圧倒的に勝ちたいのです」（どちらも山井社長。巻末14　スノーピーク山井社長「B with C」を徹底）
今スノーピークは、「B with C」から一歩進んで「C（キャンパー）to C（キャンパー）」と考えているそうである。社員自らキャンパーであり、ユーザーたちキャンパーとつながり、より精神的価値を上げてキャンパーを笑顔にしていく、という考え方である。そして、それを体感でき、共創できる場が「一緒のキャンプ」ということだ。
こうした地道な取り組みと、企業の普段からの考え方やふるまいが、コアファンの心に響き、摑んでいく。**特にトップである社長が先頭に立ってそれを体現すること**（**考えてみれば、当た**

り前のことなのだが）は、社外はもちろん、社内への好影響も計り知れない。

## 「応援」される存在になる

### 購入とは応援そのものである

応援したくなる企業ってどんな企業だろう。応援しやすい企業ってどういう企業だろう。ファンがみんなの前で大っぴらに応援の言葉を語れるのってどういう状況だろう。それを考えていくのが、この「応援」の項である。

コアファンは、「信頼」する企業やブランド、商品を、もう一歩踏み込んで「応援」したい。大っぴらに力強く応援したい。そういう**「応援できる要素」を少しずつ増やしていく施策**がこの項である。

応援は、単にオーガニックなオススメを周りに言ってもらうことだけではない。購入自体も応援だ。コアファンにとっては、「がんばって！」「これからも買い続けるからどんどんいい商品作って！」と、一票投票するような行為なのである。

不祥事や苦境のときも、コアファンは購入を通じて応援してくれる。「今は厳しいかもしれないけど、苦境を乗り越えてこれからも私たちのためにいい商品を作り続けて」と購入を通じて伝えてくれる。

そういう気持ちになってもらえるよう、「信頼」をより強め、「応援」にアップグレードしていこうというのがこの項である。

**N　人間をもっと見せる。等身大の発信を増やす**（→P209）

人が応援するのはモノでもコトでもなく、ヒトである。だから「こういう人が働いている」ということをちゃんと見せていくことが応援する気持ちを強めることにつながる。社員をもっと見せることだ。有名社員を作ることも重要だ。

**O　ソーシャルグッドを追求する。ファンの役に立つ**（→P213）

ソーシャルグッドとは世の中のためになる活動だ。企業は生活者の課題解決をしているので本業自体がソーシャルグッドであるが、もっと応援される存在になるためにその幅を広げよう。また、ファンの役に立つことを現場で地道にやるのもとても大事だ。

第四章もこの項が最後である（お疲れ様でした）。ひとつずつ簡単に見ていきたい。

応援される存在になる

## N　人間をもっと見せる。等身大の発信を増やす

### 「悪の帝国」的だったマイクロソフトのイメージが変わった瞬間

ボクはマック・ユーザーなこともあり、マイクロソフトが嫌いだった。特に2000年初頭のころのマイクロソフト。イメージは最悪だったし、周りも「悪の帝国」とすら呼んでいた。なんか信頼できなかった。

でも、あるとき、そのイメージが変わった。たわいのないことである。ある社員がビデオ片手に社内を歩き回り、社員たちを赤裸々に見せていくビデオ・ブログを公式サイトにアップし始めただけである。でも、そこには「人間」が映っていた。みんな人間臭いのだ。そして誇りをもって働いている。楽しそうにワイワイと仕事をしている。しかも堂々と自社への文句を言ったりしている。

あれ？　イメージ全然違うな。やらせにも感じられないしな。こういう感じなら意外といい社風なのかも。こういう人たちが作ってるなら意外といい商品なのかも……。

その後、マイクロソフトの商品に対する見方はちょっと変わった。そう、結局「人間」なのだ。こういう人が働いているなら、と、ちょっと応援する気になった。

ちなみにボクの場合は「よく躾けられたアップルの犬」なので、そんなことがあってもマイクロソフトのファンになったわけではない。

でも、忠犬でさえなかったら、一気に「ファンの入り口」から20%のファンに移行したかもしれない。そのくらい「人間を効果的に見せること」は企業の印象を変えるのに役に立つ。就活ページで社員紹介をしている企業はたくさんあるが、それでは足りないし、学生しか見に行かない。もっと「人間」を見せて行く工夫をしよう。

## 熊本の鶴屋百貨店の「人とモノのものがたり展」

「人間」の見せ方の例をひとつ。

熊本県で長い歴史を持つ鶴屋百貨店では、従業員が選んだ思い出の商品とそれにまつわる「ものがたり」を、展覧会および書籍にした。展覧会では、従業員の写真と個人のエピソードが大型パネルで並んだ。

そんなもの何がおもしろいのかと思う方がいるかもしれない。でも、今まで匿名的な存在だった従業員がひとりひとり「想いのあるひとりの人間」として見えてくることで、その百貨店に対する印象はガラリと変わる。無機質なビルディングが「人間がいる場所」に見えてくる。しかも百貨店とは「従業員」こそが商品力であり品質なのだ。彼らを見せることで、応援の気持ちは強くなる。

これを見たお客さんたちは「あぁ、こういう人が働いている会社なんだ」「こういう人たちがいろいろ考えながら売ってくれているんだ」と感じ、そのストーリーやドラマに「愛着」を覚えると同時に、それぞれの「人間」に対する信頼を強くするだろう。

いつも通ってくれているファンであれば、「あ、食品売り場のあの人だ！」「へー、いつも接客してくれる◯◯さんって、こういう人なのね」みたいに、もっと具体的に「人間」を感じ、こういう人が売ってくれているなら、と、応援の気持ちを強くするだろう。

もちろんこの企画は従業員のモチベーション・アップにもつながるし、売っている商品の魅力アップにもつながるだろう。地域密着型百貨店として、地縁や血縁を意識した企画でもあったと思う。

ただ、ボクが鶴屋百貨店を思い出すとき、なんとなく人間の顔が浮かび、体温を感じる。それがボクの中での応援に大きくつながっている。

## 有名社員がいるなら、その人の「等身大の発信」を増やしていく

有名社員がいる場合、その人をもっと前面に出したほうがいい。

それは創業者や社長だけでなく、カリスマ店員やスター開発者、褒章職人、仕事に関係ない技能をもった名物社員でもいい。その人の「等身大の発信」を（コンプライアンスがどうのとか締め付けずに）容認し、増やし、その「人間」をもっともっと見せていくことだ。それが企業への応援につながっていく。

また、そういう人とファンたちをより多く会わせることも応援につながっていく。同じ人間として等身大の共感が生まれるからだ。

コラムニストでアイドル評論家でもある中森明夫さんは、こう言っている。

「アイドルの条件とは、単なる美人ではなく、**応援したくなるかどうか**」

特に最近のアイドルは、美人というより近所にいそうな普通のタイプが多い。つまり**自分たちの近いところにいる等身大の人なのだ。だからこそ、応援したくなる。**つまり、等身大の姿、普段の過ごし方、努力や苦悩などをきちんと見せたほうがいい。

もちろん、その人がメディアなどに露出することでその会社を嫌いになる人が出るかもしれないし、批判者が出る危険もある。でも、何度も書くが、**全員に好かれる必要はさらさらない。**

20％でいいのだ。20％のファンに好かれること、信頼されること、それが大切なのである。「そういう人」が今はまだいないのであれば、早急に意識して作ったほうがいい。どの会社にもスター候補はいるものだ。そういう人のメディア露出や、ファンの前への露出を多くすることは意外と重要だ。

こういうときによく思い出すのは、マツダ・ロードスターの開発者、山本修弘さんである（別に知り合いでもなんでもないが）。「会いに行ける開発者」ということで、日本中のファンから引っぱりだこらしい。メディアに多く露出しているわけではない。でも、ファンの前には頻繁に登場し、ファンから見たらスター開発者なのである。

そういう人を作ること。これは応援される存在になるのに欠かせないアプローチである。

## 応援される存在になる

### O　ソーシャルグッドを追求する。ファンの役に立つ

#### 大っぴらに応援できる要素を増やしていく

この項の冒頭で書いたように、ファンは「信頼」する企業やブランド、商品を、もう一歩踏

み込んで「応援」したい。**コアファンに至ってはもっと強く、大っぴらに堂々と応援したい。だったら応援できる要素を少しずつ増やしていこう。**

応援できる要素。応援しやすくなる要素。

時代の流れとして、今現在は、いわゆる「ソーシャルグッド」の要素を増やしていくのが一番応援されやすいだろう。

ソーシャルグッド。平たく言うと、「世の中のためになる活動」である。何度も書いているように、企業にとって本業こそが社会貢献である。それは生活者の課題を解決し、社会の課題を解決し、雇用も生み出している。

ただ、もう一歩踏み込んで、その延長として社会に貢献できる施策はいろいろある。いくつか挙げてみよう(それぞれくわしいことは検索してみてください)。

・企業の原罪的な部分で社会貢献活動をしていくCSR(Corporate Social Responsibility:例えば商品を製造するために川を汚したから川をきれいにする活動をしよう、みたいなこと)。

・利益を出しながらより広い社会課題を解決していくCSV(Creating Shared Value:例えばインドの農村において、衛生観念がないことで病気が蔓延している状況を、衛生商品を作っている会社がその市場を作りながら、住民と一緒に衛生状況を改善していくようなこと)。

・人と社会、地球環境のことを考慮した商品を追求する**エシカル**（Ethical：製造過程などにおいて、途上国での児童労働などの社会問題や、環境問題を引き起こすことなく生産された原料を使用するみたいなこと。いわゆるフェアトレード商品や寄附つき商品など）

・世界のリーダーが国連サミットで採択した、２０３０年を達成期限とする「持続可能な開発目標」である**ＳＤＧｓ**（Sustainable Development Goals：国際社会共通の目標として最近注目され始めている）

・災害や防災などの**支援活動**（東日本大震災で多くの事例が見られたが、緊急なものから息の長いものまで、また本業に関係ない支援から本業周りの支援までいろいろある）

・働き方に配慮し、社員の幸せを追求する**ホワイト企業**（いわゆるブラック企業の反対であり、特に若者たちはこの辺をよく見ている）

こういう要素を増やしていき、正面切って堂々と応援できる状況にしていくことは、ファンやコアファンを喜ばし、オーガニックなオススメをより強くしてくれることにつながるだろう。そしてもちろん、それらの活動が広まることは、ファンやコアファンを増やしていくことにつながる。

## 謙虚になりすぎず、きちんとアピールしよう

ある時、大学生たちとメーカーの人たちがディスカッションする機会があり、学生がこんな質問をした。

「なんでフェアトレードとか、ちゃんと取り組まないんですか？」

そうしたらメーカーの方は、慌ててこう言った。

「いや、やってますやってます。業界でも一番古くからやってるくらいやってます。えっと、知らなかったですか……？」

「え〜、やってるんですね〜。知ってたらもっと買ってたかも」

「え〜！」

まぁ世の中こんな意識高い系の学生ばかりではないのだが、でも、要するに伝わるべき人に伝わっていなかった、ということだ。メーカー側としては、それなりにアピールはしているつもりだったのだろう。サイトを見たら確かに載っていた。でも、それではアピールが足りないのだと思う。

社会貢献系のアピールにおいて、(寄附したことを積極的に人に言わないように) みんな謙虚であろうとする。それは個人的にはとてもよくわかる。そういうことを自ら人に言うものではな

いし、ましてや前面にアピールするのはちょっと恥ずかしい。

でも、**少なくともあなたの企業のファンにはもっと伝わるようにしよう。**

ファンは、それを知りたがっている。サイトに載せるだけでなく、ファンの目に届く工夫をいろいろしよう。一番確実にファンに届くのは商品パッケージや商品に同梱するパンフレットやチラシである。これらは確実にファンに届く。

企業が社会貢献をしているということは、ファンが支払ったお金が社会貢献に活かされているということだ。それをファンに伝えることは決して厚かましいことではない。

### 思わず応援したくなる「遠くの親戚より近くのヤマグチ」

思わず応援したくなる要素は、ソーシャルグッドだけではない。本業周りの現場でも、いろいろ作り出せるであろう。

東京都町田市にある電気店「でんかのヤマグチ」は、周囲に建ち並ぶ大手量販店の二倍以上高い価格ながら、売上を大きく伸ばし、20年連続で黒字を達成している。大手量販店とサービスの差別化をはかるために、出張訪問を無料にし、あらゆる要望に応える徹底した顧客サービスを行っているのである。

人呼んで「遠くの親戚より近くのヤマグチ」。

「二階の大きな荷物を一階に下ろしたい」「ベランダを掃除してほしい」「買い物につきあってほしい」「蜂の巣を駆除してほしい」。そんな、電化製品と関係ない要望にすべて応え、顧客との濃い関係性を築いている。

家電営業マンは20人ちょっと。それぞれ400軒ほどの担当をもち、毎日10軒ほど顧客の家を訪ねて、御用聞きをし、無料で「役に立つ」ことをするのである。

もちろん、シニアが多い地域性を考え、また大手量販店に地元の小さな店が対抗する戦略を考えた末ではある。特殊な事例だ。でも、ここには典型的な「応援消費(応援するために買う)」のヒントが隠されている。顧客はこの「徹底的に役に立とうとするスタンス」に感動し、ファンになり、「どうせ買うならヤマグチから買おう」と、量販店より二倍近く価格が高いのにヤマグチで買ってくれるのだ。

そして高い価格を支払っているからこそ、気兼ねなく営業マンに雑用を依頼するようになる。そういうサイクルでファンがコアファンになり、また周りにもどんどんいい評判が広がっていく。

ここで注意してほしいのは、これは平伏や土下座ではない、ということだ。価値の提供として「対等」である。だから営業マンは顧客と地元の友人みたいにつきあっている。そうだからこそ、顧客も「身内」的に応援し、購入する。家に来てくれる営業マンの成績を少しでも上げてあげようと応援消費するのである。

社長である山口勉さんは、20年ほど前、家電量販店に囲まれて絶体絶命だった時、3万人いた顧客を1万人に絞り込み、ファン相手に徹底したサービスを行って生き残ってきた。最近の記事でこう語っている（巻末15　100人のお客より1人の熱烈なファン。営業の担当世帯を大きく減らした理由）。

「**100人のお客より1人の熱烈なファン**。これを生み出せば、お客さんの数が減っても、むしろ利益率は増えます。

とはいえ、20年もたつと、ヤマグチでさえ、お客さんを減らすのを恐れる社員が出てきます。かつてお客さんを大幅に減らした後に入社してきた若手は、成功体験がありません。だから、思い切ってお客さんを「捨てる」ことに迷いがあるのです。そこは私やベテラン社員が、以前の成功体験を話し、「**まずやってみよう。結果が付いてくるから**」と説得していきます。（注・太字は筆者）」

## 地域の特性に合わせて地域の役に立つことをするイオン

量販店やスーパーも、いろいろ工夫をしている。

イオン葛西店は、地域にシニア客が多いことを考えて、開店時間を以前より2時間早い朝7時に改めただけでなく、4階のイベントスペースで毎朝ラジオ体操を行っている。また、同じ4階には1周約180メートルのウォーキングコースを設け、雨の日でも暑すぎる日でも寒すぎる日でも、シニア客がウォーキングできるようにした。その近くには、囲碁や将棋ができるコミュニティ・スペースも設けてある。

シニア世代は朝イチでイオン葛西店に来て、4階でラジオ体操をし、ウォーキングをし、カフェやコミュニティ・スペースで休み、下の階に降りて買い物をして帰る、という習慣が出来上がっている。あるテレビ番組のインタビューで、「毎日イオンに来るのが生き甲斐だ」と語っていたシニアの方がいたくらいである。

そしてそれは実績になっている。「客数は4階が2割、店舗全体でも1割増えた」そうである（巻末16　イオン「数値目標なき改革」で問われる本気度）。

イオンは、他店でも、子連れファミリーに特化して、痒いところに手が届くサービスを実施している。これらは、もちろん集客のためである。客側もそれはわかっている。

だが、その**根底に「徹底的に役に立とう」とする精神が流れているかどうかを、ファンは敏感に見抜く。**おざなりなコミュニティ・スペースや、適当なイベントなどをやるモールやスーパーが多い中、見事な取り組みだと思うし、**こういう姿勢にファンは義理堅く応え、応援して**

**いくものである。**

以上、第三章と第四章で具体的なファンベース施策について述べてきた。

「すぐにでもできそう」なものから「これはちょっと我が社ではやれないかも」というものまで、いろんなアプローチがあったと思うが、**これら全部をやらないとファンベースが完成しないということでは全然ない。**何かひとつだけでも効果が出ることもあるし、次章で述べる「短期施策・単発施策との組み合わせ」によって、より効果が出るファンベース施策もあるだろう。

特に今までファンベース的な考え方に手をつけてこなかった企業にとってはハードルが高い部分もあるとは思うが、**スモールスタートで小さく始めてみること**でもファンの姿は見えてくる。とにかく一歩、踏み出すこと。担当できる範囲で始めてみること。それをオススメしたい。

第五章

# ファンベースを中心とした「全体構築」の3つのパターン

## この章のポイント

短期キャンペーン施策や単発施策と、中長期ファンベース施策は、組み合わせるとより強くなる。なので、それらをつなげ、組み合わせる全体構築を考えることが重要となる。全体構築のパターンは3つに分けられる。また、この全体構築の効果指標としてはNPSが現時点では最適であろう。

## 短期・単発施策と中長期ファンベース施策を組み合わせて強くする

さて、ここまでファンベースの必然性、具体的な施策の数々を知っていただいたが、ここからは「短期キャンペーン施策や単発施策」と「中長期ファンベース施策」をつなげる「全体構築」に入っていこうと思う。

共感・愛着・信頼・熱狂・無二・応援、と読んできて、すっかり頭が「ファンベース」になっているとは思うが、第一章でも書いたように、短期・単発施策はまだまだ重要だし、必要だ。

そして、**組み合わせるとより強くなる。**

短期・単発施策は、そのブランドや商品のファンを喜ばせ、オーガニックなオススメをする「きっかけ」を作ってくれる。一方、中長期ファンベース施策は、短期・単発施策が話題になり売上を上げる「土台」を作ってくれるし、その価値を広げてくれる「支持母体」を作ることができる。

また、短期・単発施策はインパクトはあるものの、この情報過多・エンタメ過多の世の中では生活者に届きにくく、届いたとしてもすぐ忘れられてしまうが、ファンベース施策でファンの気持ちさえ摑んでいれば、ファンは短期・単発施策をちゃんと受け取ってくれ、そう簡単には忘れない。

そう、**中長期ファンベース施策が機能していると、短期キャンペーン施策や単発施策がより効きやすくなる**のである。組み合わせると相乗効果を上げ、より強くなる。

だから、組み合わせよう。そのためには、第一章で説明した図4や図6のように、短期・単発施策と中長期ファンベース施策を組み合わせる「全体構築」が必要になる。

## その提案、「本当にキャンペーンだけでいいのか」、誠実に考えよう

「そんなこと言われても……」と、もしあなたが広告会社の担当者だったら思うかもしれない。

なぜなら、たいていの企業は、そんなことをオリエンテーション（略してオリエン。企業からの「提案してほしい課題の説明」）で要求しないからである。

例えば、ある商品が発売五十周年を迎えるとして、オリエンはシンプルに言って、だいたいこんな感じだ（実際にはもちろん「商品説明」「コンセプト」「伝えたい相手」「期間やタイミング」「予算」「実行体制」など、いろいろな説明や要求がある）。

五十周年をきっかけとして、もう一度この商品を人々の話題にし消費喚起する、効果的な広告キャンペーンをご提案ください。

つまり、オリエンでは短期キャンペーン施策を求められることが多く、中長期の提案はほとんど求められない。はっきり「いらない」と言われることも多い。

ただ、そうだとしても、**予算をそれなりにつぎ込むこのキャンペーン、一過性かつ瞬間風速的に終わって本当にいいのだろうか。もったいなくないだろうか。**今や第二章で説明したようなネガティブ要素満載の世の中なのである。要求されていないとしても、そこを誠実に指摘すべきではないだろうか。

その辺を実際どう考えるのか、広告会社やコンサル会社、外部協力会社などは、取引先企業から見透かされる時代になっていると思う。存在意義が問われる部分ですらあると思う。

オリエンに誠意を持って向き合うなら、ボクは、キャンペーンを話題化し消費喚起することを最優先課題としつつ、それを一過性に終わらせず、キャンペーン終了後も売上が落ちにくくなるような提案もすることが必要だと思う。

つまり、このオリエンを、ボクならこう読み替える。

五十周年をきっかけとして、もう一度この商品を人々の話題にし消費喚起する、効果的な広告キャンペーンをご提案ください。その際、キャンペーン効果を一過性にせず資産化すること、終了後も安定して売上が上がっていくことを意識して企画してください。

キャンペーンに予算を使う目的は短期的な話題化だけではないだろう。

真の目的は「**生活者の課題を解決するこの商品が、キャンペーン中だけでなく、その後も長く安定して売れ続けること**」ではないだろうか。昔とは全然違う「伝わりにくい時代」に生きているからこそ、真の目的に誠実に向き合うべきであると思うし、企業の担当者もそれを意識したオリエンを作るべきであると思う。

もちろん、予算には限りがある。

でも、だからこそ、短期・単発施策を「もったいない」ものにしてはいけない。効果が長持ちするように、予算の数割を意識的に中長期ファンベース施策に割き、組み合わせて全体構築するべきである。

まぁ現実的には、例えば元のオリエン通りにA案を出し、B案として中長期ファンベース施策と組み合わせた案を出すなどの工夫が必要かもしれないが、時代的・社会的にそのB案は必須になってくるのではないだろうか。

## 全体構築の3つのパターン

さて、では全体構築の仕方を考えていきたい。

この本では「3つ」というパターンが多すぎて申し訳ないが（別に狙ってるわけではないのです）、ここでもアプローチは3つに分けられると思う。

**（1）中長期ファンベース施策のみで構築する**

短期キャンペーン施策や単発施策をせず、最初から中長期的にゆっくりファンを増やしていくことを狙っている企業はここになる。強力なブランド力が必要となるし、すでにそれなりにファンが獲得できていることが条件となる。また、キャンペーンなどをする予算がない企業や、小規模な企業・地域密着型の企業などもここに入ることが多い。

**（2）短期・単発施策でファンをゼロから作っていくところから始める**

新発売の商品や無名の商品、創業間もないベンチャーなどはここに入る。まず短期施策で認知を上げ、それを元に少しずつファンを増やし、規模を大きくしていくアプローチだ。ただ、急激に規模を大きくする必要がない場合は、まず少数のファンを作り、（1）の構築を地道にやっていく手もある。

**（3）中長期ファンベース施策を軸に、短期・単発施策を組み合わせていく**

短期・単発施策を実行する以前から中長期ファンベース施策を機能させておくのがこれである。基本的にこの（3）が一番効果的だろう。発売してそれなりに経った商品は、それが存続している限り必ずファンはいる。彼らファンを大切にし、LTVを上げて行きつつ、短期・単発施策をそこに組み合わせ、相乗効果を図っていくアプローチである。

ひとつずつ見ていきたいが、説明がわりとテクニカルになるので、例えば担当商品が（1）（2）（3）のどれに当てはまるかを見てもらった上で、その説明だけを読んでもらってもいいかもしれない。

## （1）中長期ファンベース施策のみで構築する

### ファンを大切にし、LTVを上げ、ファンを増やしていく

これは、第三章、第四章で説明したファンベース施策を地道に打っていき、じわじわと売上を上げていくアプローチである。

図24は、パレートの法則を前提にしたものである。

20％のファンが80％の売上を持っているというのを図示化し、その80％を、LTVを上げる&ファンを少しずつ増やすことで、81％、82％と増やしていく過程をちょっとオーバーめに図

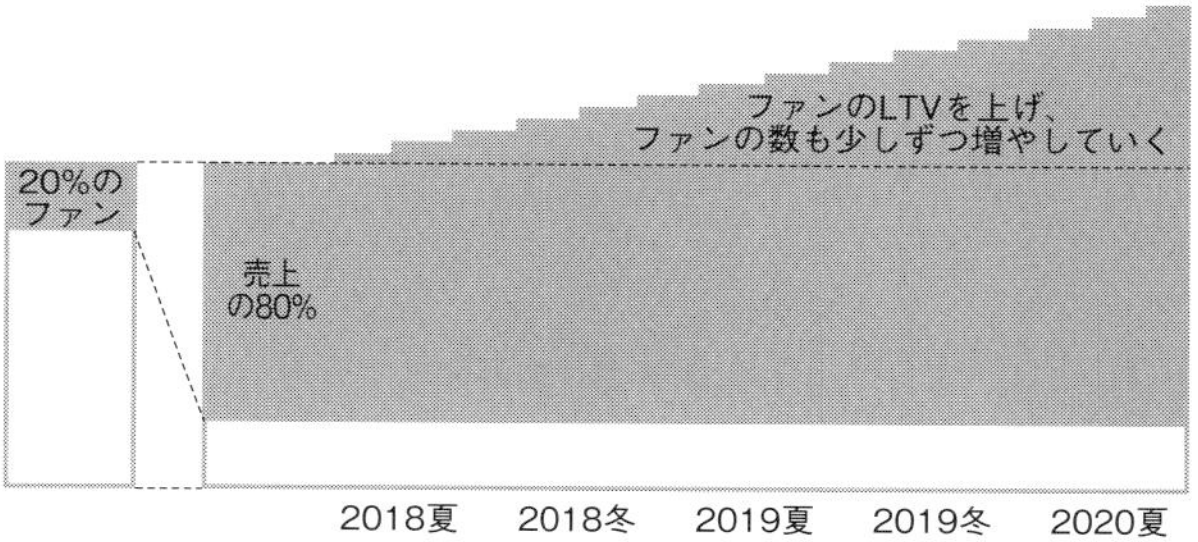


図24

にしてみたものだ。

もうちょっとミクロに見ていくと図25になる(わかりやすいようにLTVアップとファン増加を分けて描いているが、実際には同時に起こっていく)。

もちろん、この2つの図のように階段状に上がっていくわけではないし、ファンベース施策を始めたからってすぐに効果が出るとは限らない。つまり、こんなに順調に上がっていくわけではない。**上がったり下がったりして、少しずつ軌道に乗っていく**だろう。

でも、一度順回転が起こり出すと、ファンたちのオーガニックなオススメも効き出すので、中長期的に売上が落ちにくくなり、収益は格段に安定するだろう。

問題があるとすると、「安定はするが、時間がかなりかかる」ということだ。なので、企業によっては短期施策や単発施策を組み合わせていくわけである。

この部分は**経営判断**がいる。

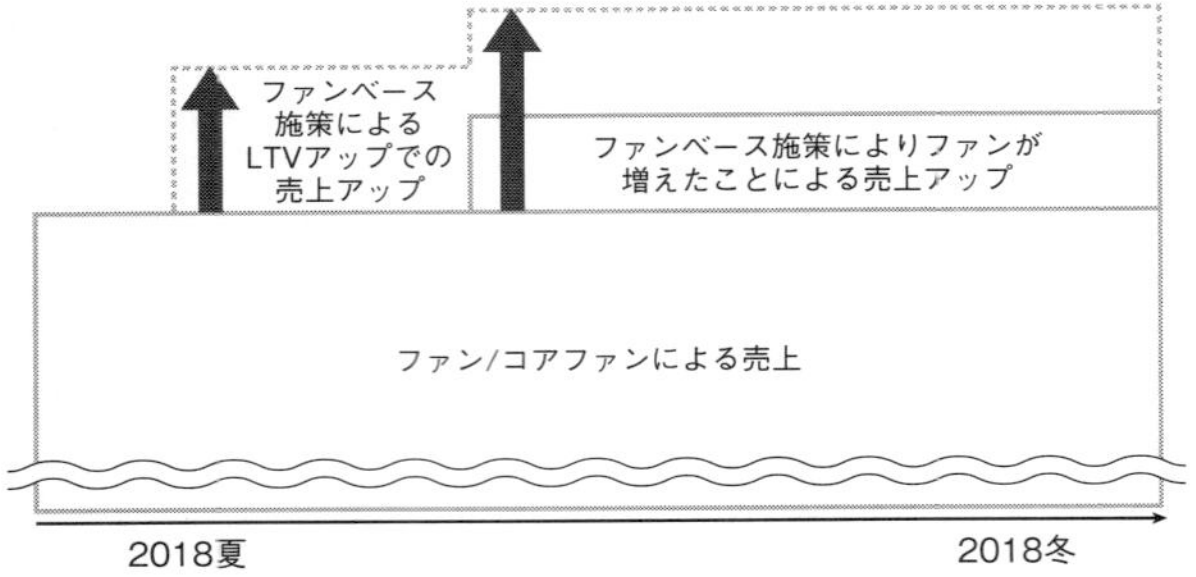


図 25

例えば、スターバックスの元CEOである岩田松雄さんはあるインタビューにこう答えている。

**テレビCMなどのマスメディアを使った広告は、ブランド構築や売上向上につながらない。**スタバの場合でいえば、**ブランドを伝える一番の手段は店舗**です。つまり、ブランドは本来、その企業や個人の志がにじみ出てくるもの、つまり**ミッションを愚直にやることでそれがにじみ出し、多くの人々に自然と浸透し、ブランドになる**わけですね。こういうことすべてが、ブランドをつくっているわけです。だから、スタバにとっては、マスメディアを使ったブランド構築はあまり意味がないと思います。

ミッションを守り育てながら、成長を持続していくためには、必然的に教育、人材に頼る部分が大きくなります。だから、成長のスピードに見合った人材が育っていれば問題はありません。でも、通常は成長を急ぐあまり、人材育成やトレーニングが後回しになります。

経営者であれば誰でも早く成長したいと考えますね。しかし、成長を焦ると、変な場所にお店を出してしまうというようなことも起きます。そして、それはほかの店舗にも影響するわけで、その結果、クオリティーを落とし、ブランドを毀損してしまうわけです。神は細部に宿ります。細かな点まで行き届くスピードで成長していくことが大切なのです。（巻末17スタバはなぜ値下げやテレビCMをしない？　高いブランド力構築の戦略を元CEOに聞く）

つまり、「細かな点まで行き届くスピードで成長していく」ということを考えると、スターバックスのように、マス広告などを一切せず、店舗という接点を大切に、共感や愛着や信頼を強くしてじわじわ成長していくことを選択するというのも経営判断だ。

これはそれぞれの商品ジャンルによっても判断が分かれてくるだろうし、そのブランドや商品の「調子」にもよるだろう。つまり、伸びているブランドや商品なら、中長期のファンベース施策のみでもかなりいい順回転が起こると思う。

逆に伸び悩んでいる商品や調子が悪い商品は、ファンベースで土台を作りつつ、短期キャンペーンなどで刺激を与えないとなかなか数字が動かないかもしれない。

## 少数のコアファンを先に作る

（2）で説明する「ファンをゼロから作っていく」ときに、短期施策を用いず、中長期ファンベース施策だけでやっていくことも可能だ。予算がない場合やもともとの事業規模が小さい場合などは、この方法でファンを地道に増やしていかざるを得ない。

まずは、数十人でもいいから、価値を強く支持してくれるコアファン、つまり「身内」を作り、傾聴し、改善し、巻き込んでいくことだ。モニターになって使ってもらっても、コアファンになるのはそのうちの超少数なので、それなりにモニター母数は必要だが、そこでまずコアファンとの出会いを求め、そして傾聴する。

そして、傾聴した中で「特にとんがった偏愛ポイント」に絞って訴求し、オーガニックなオススメがより広がりやすいようにする。

**大切なのは「偏愛ポイントを前面に押し出すこと」だ。**

初期にファンを作ろうとするとき、心配が高じていろんな人の意見を聞いて最大公約数的な訴求にしてしまうことがあるが、コアファンを作るなら、とんがった偏愛ポイントに絞ったほうがいい。短期施策や単発施策をしないので（多少の単発施策をする予算はあるかもしれないが）、その商品を周りの人が知るのは、この、コアファンからのオーガニック・リーチのみになる。

だからこそ、それが強めに起こるよう、初期は偏愛に絞る、ということである。

## (2) 短期・単発施策でファンをゼロから作っていくところから始める

### まず「ファンの入り口」まで来てもらう

ファンをゼロから作っていくとき、それなりに予算があるのであれば、短期キャンペーン施策を先に打つほうが早い。図26はゼロから短期キャンペーン施策を打った状態だ。ファネル型(図の台形の部分。27ページ参照)の左辺が「認知」、つまり露出量やアテンションにより認知した生活者であり、右辺が「購入」、つまり購入者となる。

この購入者の中の一部が「ファンの入り口に立った人」になる。購入者全員ではもちろんない。キャンペーンに惹かれてちょっと手にとってみたけど二度目はないという人もいるだろう。その中で「ファンの入り口に立った人」をなんとか「ファン」に育てていくために、ファンベース施策で「共感」や「愛着」や「信頼」を強めていくのである。

常連さんの例で言うと、あなたの店のことを何かしらで告知し(これがキャンペーン)、何人かが店に来てくれる状態をまず作る。その中で、あなたの店を「ちょっといいな」と思ってく

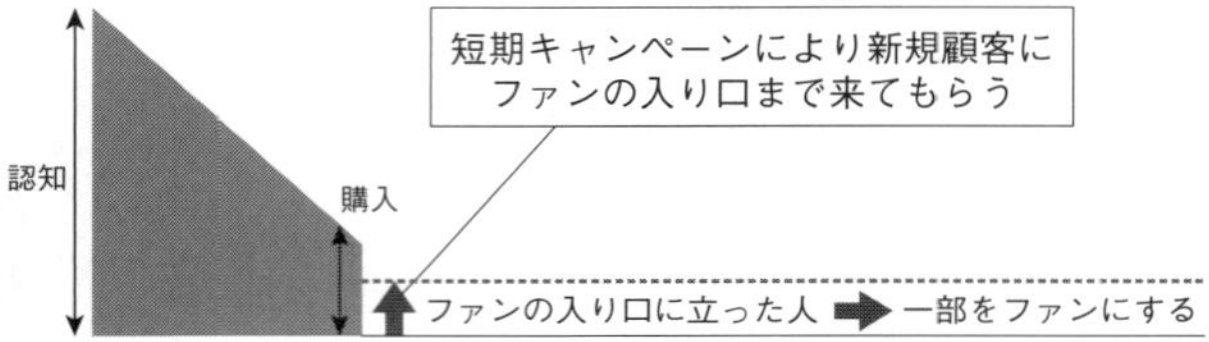


図 26

れた人が「ファンの入り口に立った人」である。**この人の気持ちをグッと摑まなければいけない。それが第三章、第四章で書いたファンベース施策である。**

もちろん、いきなり「ファン」や「コアファン」になる人もいる。「うわ〜この店、好み！　通いたい！」と最初から一目惚れみたいに支持してくれる人もたまにいる。その場合も、彼ら彼女らのその気持ちを受けとめてあげるファンベース施策が必要となる。

## ファンの入り口に立った人をどうするか

では、どうやって図26のように購入してくれた人をファンにしていくのだろう。短期・単発施策を中長期ファンベース施策につなげる方法をいくつか例として挙げてみたい。

**・話題になったコンセプトを元にファンベース施策をする**

その短期施策がそれなりに話題化できて成功キャンペー

ンになった場合、そこで獲得できた好意を一過性に終わらせないために、同じコンセプトで中長期のファンベース施策につないでいきたいところである。

例えば、第一章の冒頭で挙げた洗剤メーカーのキャンペーンが「お母さん大好き！」というコンセプトだとして、それが話題になったのであれば、そのコンセプトへの共感がより広がるようなファンベース施策を行っていくことが必要だ。共感施策や愛着施策を「お母さん大好き！」というコンセプトに沿って応用し、中長期的に展開していくのである。

なお、一過性であろうがとにかく目立てばいい、と、後先考えない短期キャンペーンやバズ施策などをするとファンベース施策につながらない。ファンベース施策につなげやすいかどうかを意識して短期・単発施策を企画することが求められる。

**・「受け皿」「ツール」「イベント」などを用意する**

例えば「お母さん大好き！」であるならば、短期・単発施策などで好意をもった人のための「受け皿」として、「お母さん大好き！」という声が集まり、みんなが参加出来るスペシャル・サイトをつくり中長期につなげていく。また「お母さん大好きツール」や「大好きなお母さん大募集イベント」など、いろいろとそのキャンペーンを受けた施策を打つことも、共感や愛着を作っていくことにつながっていくだろう。

**・デジタルに偏らず、つなげる施策を打っていく**

短期キャンペーンなどからつなげるとき、どうしてもネット施策に偏りがちだ。サイトを受け皿にしたり、簡易ファン・コミュニティを作ったり、ファンの共感ポイントをサイトにコーナーとして準備したり。

ただ、日本全国的に見ると、メールやLINEくらいしかネットを活用していない人も多いことは頭に留めておく必要がある。だからネットを使わない施策も必要である。そういう場合は中長期ファンベース施策としてマスメディアを使うことも十分考えられる。例えばテレビの5分間帯番組で「世界のお母さん」みたいなものを作って、「お母さん大好き！」というコンセプトと結びつけて行ったりすると、ファンの自信につながるし、共感・愛着にもつながっていく。

マスメディアを使用する予算がない場合は、店頭施策や量販店でのイベント、もしくは商品パッケージを利用したメッセージなど、リアルに伝わる方法を模索する必要がある。

ファンの入り口に立った人、というのは「もうひと押しするとファンになる人」でもある。

短期・単発施策で好意を持ってくれたとするなら（それはこの情報過多・エンタメ過多の時代に、とても貴重なことである）、**彼ら彼女らがファンになるようなひと押しを、好意を持ってくれたそのコンセプトに沿って行うことが鍵となる**だろう。

## 商品以外の要素で認知した人をつなぎとめるのは大変だ

タレント広告やプレゼント企画などについてひと言だけ。

広告業界では、まず興味を持ってもらうために、タレントをよく利用する。人気タレントやアーティストをCMなどに起用して、商品の認知を上げるアプローチである。

その場合、その人気タレントについている大勢のファンは確かにあなたの商品を認知する。もしかしたら、一度、二度と買うかもしれない。でも、（当たり前のことではあるが）それは商品力ではなくタレント力だ。タレントの力が強ければ強いほど、瞬間風速は高まり、企業側も「売れた！」「ファンもたくさん出来た！」と勘違いしがちだが、彼らはまだ「商品ファン」にはなっていないことが多いので注意が必要だ。

そういう商品こそ、**タレント力で売れている間にファンベース施策で商品ファンにしておかないと、**タレントの旬が終わったり、タレントが不祥事に見舞われたりしたときに目も当てられない。

ある商品で、若い女子に大人気のアーティストをCMに起用した途端、とてもよく売れたという例がある。でも、一瞬ものすごく売れた後、売上が激減した。キャンペーン期間中、そのアーティストのファンたちがこぞってその商品を買ったのだが、後が続かなかったのだ。買ってはみたものの、結局みんなその商品のファンにはならなかったのである。

一度でも買ってくれたその時に「商品ファン」にするために、次に説明する（3）のような準備をしていれば別だが、そうでなければなかなかつなぎとめるのは難しい。

タレント以外でも、プレゼント企画やおまけ、安売りなどで生活者の気を引くキャンペーンも同じである。それらに釣られて買った人たちを「商品ファン」にするために、**一度でも買ってくれたその時にファンになってくれるような準備をあらかじめしておくこと**が肝要だ。共感施策や愛着施策で待ち受けておくことが必要になると思う。

## マス・キャンペーンが効きやすい生活者もまだまだ多い

67ページで書いたように「東京は別の国」である。

ネットを活用しているのは東京などの大都市圏に住んでいる人が多く、その人たちは情報過多・エンタメ過多で、キャンペーンがとても届きにくい。届いたとしてもすぐ忘れ去られる。

このことは第二章で詳述した。

一方、大都市圏以外に住んでいる「ネットを活用していない人々」は、砂嵐のような情報量にも、ネット上に溢れかえるエンタメにも晒されていない。マス広告もまだ効くし、短期キャンペーン施策も一過性になりにくく、覚えてもらえる可能性は（大都市圏の住民より）ずっと高いのである。

そう考えると、第二章の70ページで書いたように、割り切って考えるのもありである。**大都市はファンベースを中心に（この章の（1）のような構築で）、それ以外はマスメディアを使用した短期キャンペーン中心に考える、**というアプローチである。

マス・キャンペーンは主に地方で実行し、都市圏ではやらない。特にテレビCMは地方のほうが放映料金が圧倒的に安いので、予算が余る。その余った分を都市圏および地方のファンに向けたファンベース施策に回すのである。

あるメーカーの宣伝担当者と話しているときに、こう言っていた。

「いやぁ、最近、一周回って『なんだかんだ言ってやっぱりテレビCMはすごい』って話になってます。やっぱりテレビCMを打つと、瞬間風速的ですが商品は動くんですよね」

そう、テレビCMが効く生活者はまだわりとたくさんいるのである。

この辺の「伝えたい相手を情報環境によって切り分けるプランニング」については、拙著『明日のプランニング』でくわしく書いたので参考にしていただけたらと思う。

**まだファンがいない新商品でも、先に企業のファンがいるのであれば別**

まだ無名かつ新発売したての商品だとしても、もしその企業が今まで何度も商品を出してきている会社であるなら、ゼロからファンを作っていくよりもっといい方法がある。「あらかじめファンベースを敷いておく」のである。「企業のファン」を作る施策を地道に打ち続けておくということだ。これは次に出る新商品、次の次に出る新商品にも効いていく。

もしくは、もうすでに企業のファンがそれなりにいる場合（企業のファン・コミュニティができていたり、好意の資産化ができている）、ファンはその新商品を喜んで迎えてくれる。まずは彼らに新商品を披露しよう。彼らにいの一番に届けよう。それはファンをより喜ばせ、オーガニック・リーチをして新たなファンを作ってくれるであろう。

いずれにしても、これは次の（3）のパターンになる。ファンを土台として短期・単発施策を作っていくものだ。

## （3）中長期ファンベース施策を軸に、短期・単発施策を組み合わせていく

### あらかじめファンベース施策を敷いておく

いろいろな意味で、一番効果的なのはこの（3）だ。

その商品が発売してそれなりに経っており、終売していないのであれば、それは「必ずファ

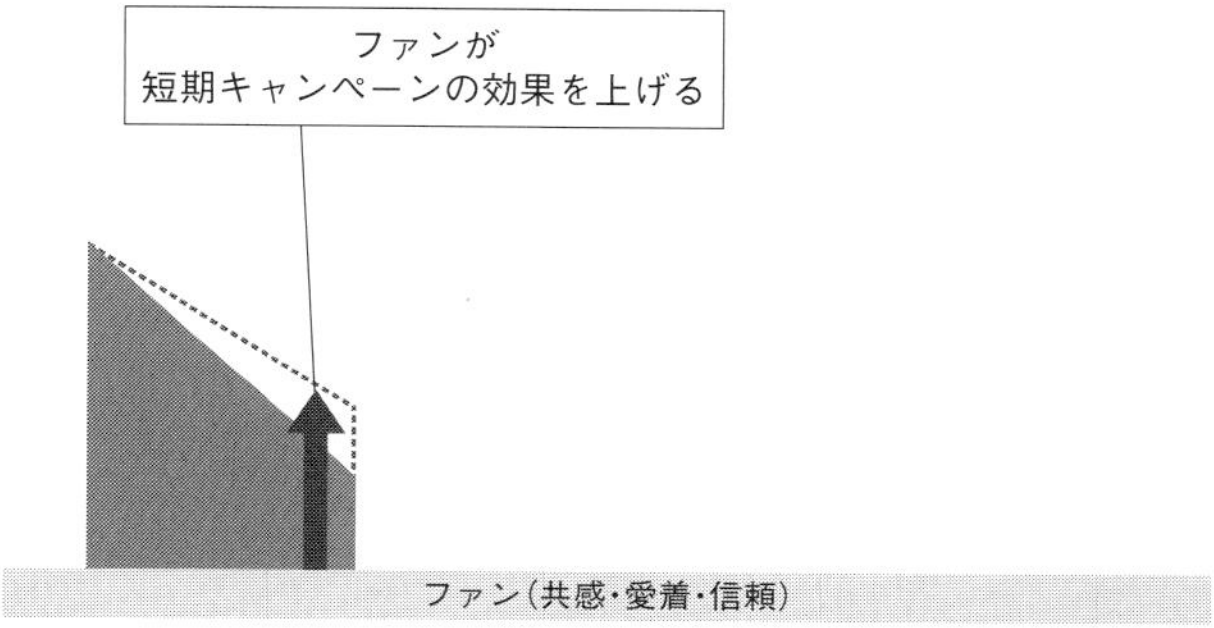


図27

ンがいる」ということだ。そのファンの気持ちが離れないように大切にしてLTVを上げていく施策を継続的に打っていく。そこに短期・単発施策を組み合わせ、相乗効果を図っていくのがこの（3）である。

図27は、あらかじめファンに共感・愛着・信頼がある状況で「短期キャンペーン施策」を行った状態を示している。

**ファンは（情報過多・エンタメ過多な環境でも）自分がファンであるブランドや商品のキャンペーンには注目する。**それが彼らが支持する価値とズレていると逆効果だが（そのためにも傾聴が必要である）、きちんとフォーカスされている場合、ファンは喜ぶ。そして、それをきっかけにオーガニックなオススメを類友に言い出すし、コアファンに至っては類友以外にも強くオススメし回ってくれるだろう。つまり、**ファンがキャンペーンの効果をより大きくしてくれる**わけである。

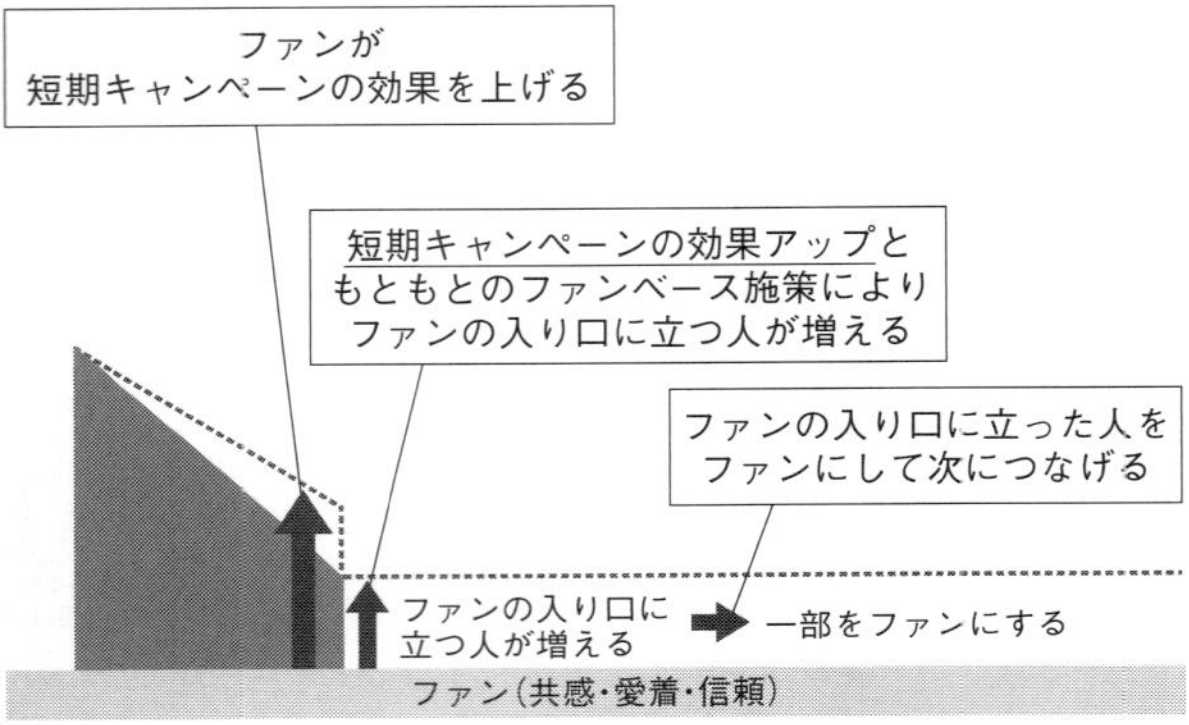


図 28

従来のキャンペーンは新規顧客に向けたものが多いが、あらかじめファンベース施策を敷き、ファンの共感・愛着・信頼を作っておけば、ファンのオーガニック・リーチのきっかけとしても大きく作用するのである。

## キャンペーンの効果が上がると、ファンの入り口に立つ人やファンも増える

図28はちょっと複雑だが、図27の後の状態を示している。

ファンたちのオーガニック・リーチでキャンペーンの効果が上がると（これが図27の状態）、それによって「ファンの入り口に立つ人」が増え、その人たちの一部が共感・愛着・信頼施策でファンになっていくさまを示している。

236ページの図26との違いは、キャンペー

ンの効果である。**ファンがファンベース施策で活性化しているかしていないかで、キャンペーンの効き方が違ってくる。**ファンがそのキャンペーンをきっかけにLTVが上がったり、オーガニックなオススメを周りにしてくれたりするからである。

また、図29のように、コアファンもできている場合、この効果はより強くなる。

この図は図28との違いをかなりオーバーめに描いているが、コアファンはファンよりずっと強く広くオーガニックなオススメを周りにしてくれる「身内」だから、キャンペーンの効果はより上がることになる。

そして、これらを連続で書いてみると、図30になる。

キャンペーンが中長期ファンベースに効き、中長期ファンベースがキャンペーンに効いて、ファンだけでなくコアファンも増えていき、それがまたキャンペーンにいい影響を与え、と、相乗効果を生み出していく。

なお、それぞれの図は、わかりやすいように効果を大きめに描いているが、実際にはファンやコアファンは少数であるので、効果自体はじわじわとしか増えないだろう。

とはいえ、ちゃんとファンになった人は、その商品だけでなく、企業の他商品にも共感と愛着、信頼を持ったりする。つまり、いわゆるクロスセルやアップセルも起こる。企業やブランドに様々な効果をもたらすだろう。

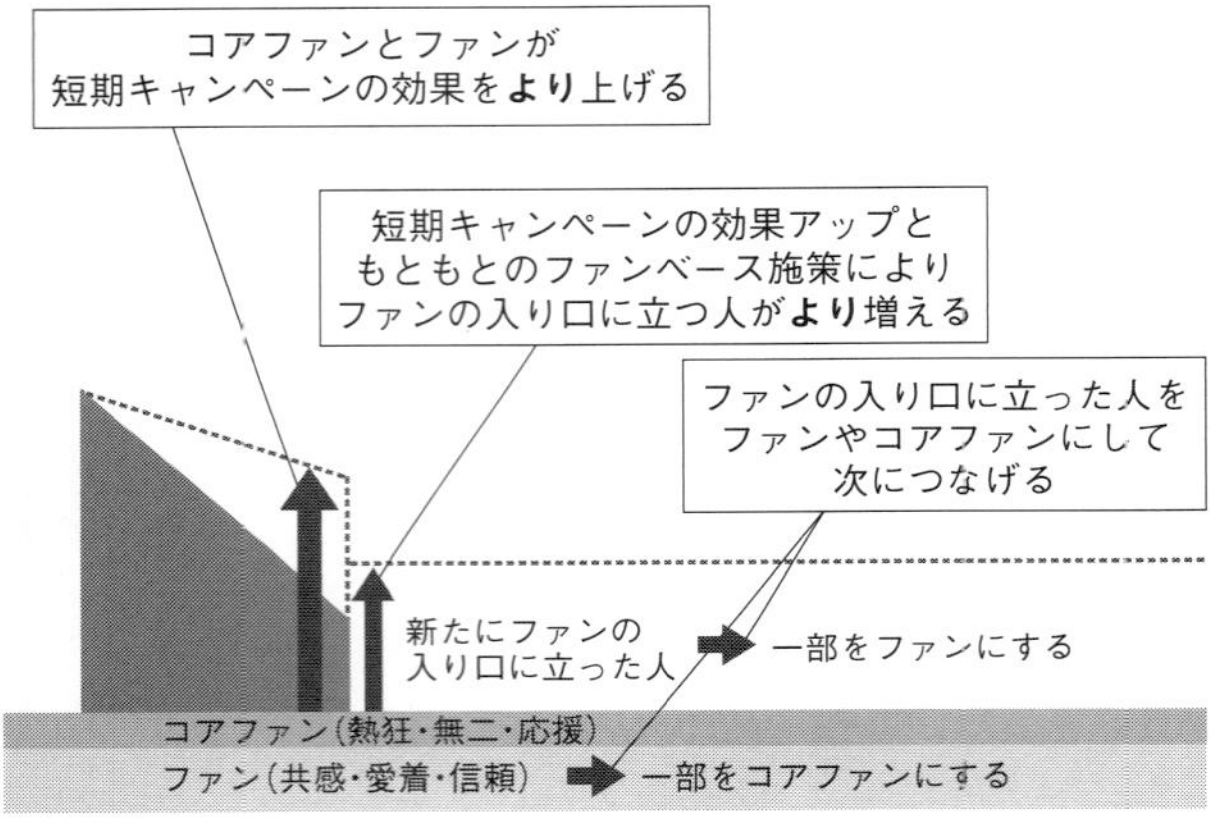
コアファンとファンが
短期キャンペーンの効果を**より**上げる
短期キャンペーンの効果アップと
もともとのファンベース施策により
ファンの入り口に立つ人が**より**増える
ファンの入り口に立った人を
ファンやコアファンにして
次につなげる
新たにファンの
入り口に立った人
一部をファンにする
コアファン（熱狂・無二・応援）
ファン（共感・愛着・信頼）
一部をコアファンにする

図 29

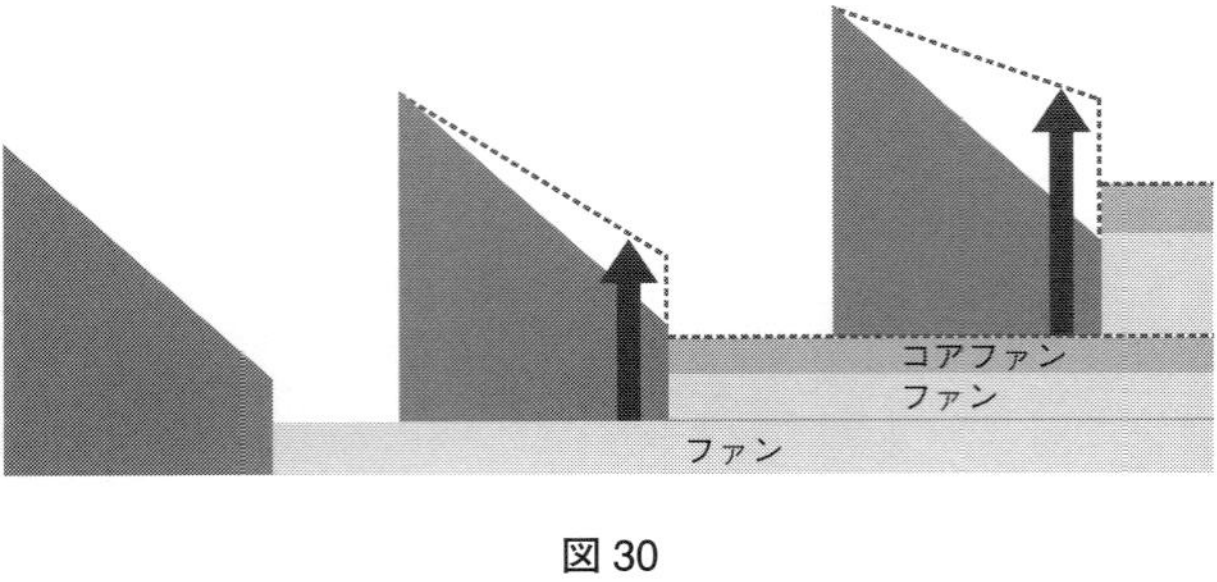
コアファン
ファン
ファン

図 30

## 効果指標として有効なNPS

さて、全体構築の基本的な考え方は以上である。

この章のラストで事例について簡単に触れるが、その前に少し広告効果指標について触れてみたい。

従来の広告キャンペーンの効果指標は、図で言ったら◺の部分（ファネルの部分）の効果を測るものがほとんどであった。つまり短期・単発施策の効果である。それらはだいたいリーチや認知を測るものだ。

無理やりにでもリーチしよう、認知させよう、とすることを否定はしない。それで商品が売れる場合もある。ただ、それに偏りすぎると第三章で書いたように「信頼」を損ない、ブランド毀損につながる場合も出てきてしまう。

というか、短期・単発施策と中長期ファンベース施策を組み合わせる全体構築の効果を測るのであれば、短期・単発施策の効果だけを測っても仕方がない。例えば図30のような「中長期的な積み上げ」をどう測るかを考えなければならないだろう。

そういう意味で、現時点で最適なのはNPSだ。

NPSとは、ネット・プロモーター・スコアのことである。

ウィキペディアによると、

顧客ロイヤルティ、顧客の継続利用意向を知るための指標。「顧客推奨度」や「正味推奨者比率」と訳される場合もある（中略）。

海外では、アップル、アマゾン、グーグル、フェイスブックなど、顧客志向を重視する企業で特に採用されるケースが多く、アメリカ合衆国の**フォーチュン500のうち、約30%が既にNPSを経営指標として採用している。**

と、書いてある。

「WEB担当者フォーラム」の記事（巻末18「NPS」って顧客満足度調査とは何が違うの？ NPSは業績に直結する指標です）では、「顧客ロイヤルティを把握するために**『企業やブランドに対してどれくらいの愛着や信頼があるか』を数値化する指標**」と定義している。まさに、ファンベース的な指標だ。そして、この記事に書かれているように、**売上との相関が高いのも特徴**である。

図31を見ればわかるように、NPSはとてもシンプルに出来ていて、「この商品を（もしくはこの企業を／このサービスを）友人に強く薦めますか？」という質問をするだけだ。

で、0点から10点までの11段階で

9〜10点：推奨者

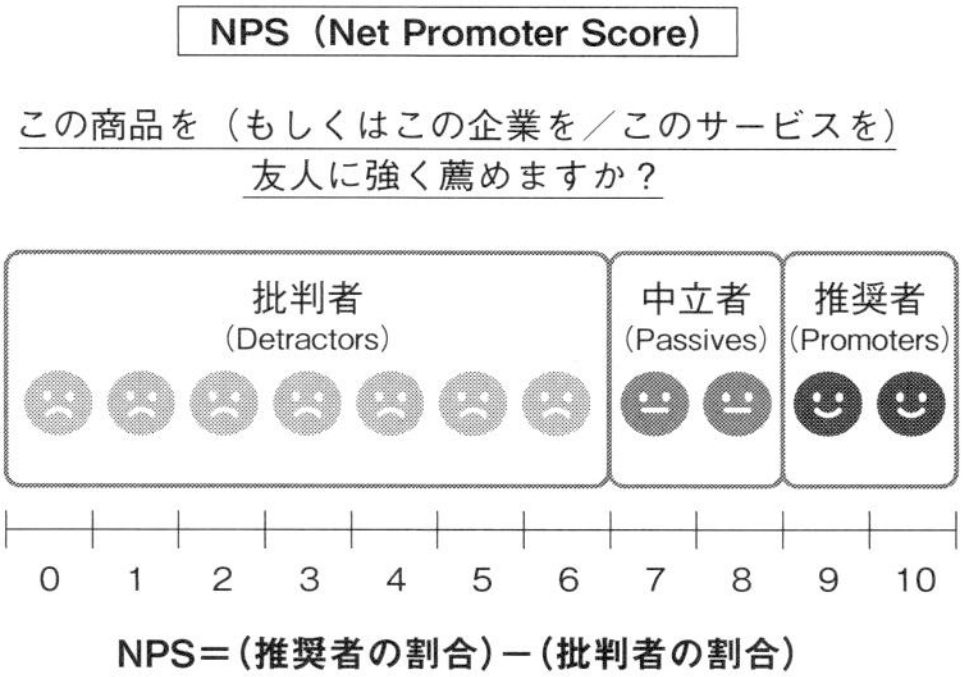


図31

7〜8点：中立者（推奨も批判もしない）
0〜6点：批判者

とし、「推奨者の割合」から「批判者の割合」を引いたものが「スコア」になる。

このNPSを定期的にとっていくことで、「全体構築」がどういう効果を及ぼしているかを追うのは有効だ（ただしファンベース施策は効果が出るまで時間がかかるので、初期は我慢が必要である）。

また、定期的なNPSに加えて、例えばフリーアンサー欄で「なぜそのような評価になったか、理由をお答えください」などといくつか質問すると、推奨者がどういう理由でその商品を選んだか定性的な要因が測れたりもする。NPSにアンケート結果や自社サイトへのアクセスログを紐付けたりすると、推奨者がネット上で無意識にしている行動も見えてくるだろう（参考としてライオンが実行している事例をリンクする：巻末19「NPS」でKPIが変わった?! デジタルコミュニケーションの新機軸を目指すライオンのサウンドメディア戦略を聞く）。

さらに、それらのフリーアンサーや行動から「推奨者のペルソナ※」を設定すると、彼らへの施策もより明確に構築できるようになるだろう。実際、推奨者のペルソナに合わせて施策を実行することによって、NPSが上がり続けている例もある。※※

※ペルソナとは、その商品にとってもっとも重要で象徴的なユーザーモデルのこと。名前、年齢、性別、職業、年収、家族構成など、かなり具体的に設定することが多い。

※※（発売後の追記）その後、NPSでは機能価値だけでもスコアが高くなる（つまり情緒価値がなくてもスコアが上がってしまう）ので、ファンの熱意を測るには不適切かと思い、「ファンベース診断」という効果指標を独自に開発した。詳細はリンク先を参照してほしい。なお、次に紹介する熱狂度もNPSの影響を受けるので、ファンベース診断のほうがより適切かと考えている。

ちなみに「ファンベース診断」は、出版後に著者が創業した会社「ファンベースカンパニー」のプロダクトなので、ここでこう書くと宣伝ぽくなるのが正直イヤなところであるが、リンク先などを見てご判断いただきたいと思う（「ファンベース診断」のダウンロードは無料です）。https://www.fanbasecompany.com/service/fanbase-score.html

## よりファンの動向に近づけている効果指標「熱狂度」

ちなみに、NPSで「批判者」が多い場合でも、ファンベース的にはそんなに気にすることはない。なぜなら、20％のファンの動向、傾向を追うとき、「批判者」が多い少ないはあまり関係ないからである。

特定の濃いファンに強烈に好かれている商品は、得てして敵もそれなりにいる。ファンベースの場合、少数のファンを大切にするので、「推奨者の割合マイナス批判者の割合」ではなく、「10点や9点をつける推奨者の推移や行動」を気にしたほうがいいだろう。「みんなに好かれたい」と考えるとNPSの批判者の推移も気になるだろうが、それを気にして動くよりも、まず20％のファンである。

その観点から、よりファンの動向に近づけている効果指標もある。トライバルメディアハウス社が行っている「熱狂度」だ。

熱狂度は、NPSに加えて、以下のような質問をし「熱狂度」を測っていく。


「あなたにとって〇〇〇（ブランド名）はどのような「存在」ですか？」
5　私は〇〇〇にすっかりハマっている（夢中だ、ぞっこんだ）
4　私は〇〇〇に愛着を感じながら使っている（幸せを感じる）
3　私は〇〇〇を好きで使っている
2　私は〇〇〇を悪くはないと思いながら使っている（そこそこ満足）

1　私は〇〇〇を、なんとなく使っている

このアンケート結果とNPSを縦軸・横軸で掛け合わせたものが記事にまとめられている（巻末20　熱狂ブランド調査2017）。

担当者によると、NPSの「推奨者」の中でも、「熱狂度で5と4をつけた顧客」と「熱狂度で3をつけた顧客」では、商品の年間購入金額や、友人への推奨経験率に、大きな差が生じていることが、多くの業界の調査結果から認められたそうである。

NPSの「推奨者」の中でも、熱量の高い人を特定して施策を打っていくためには有効な調査であると思うし、こちらのほうがより売上との関連性を追えるかもしれない。

**研究すべき事例の例**

以上、全体構築について3つのパターンを考え、それに対する効果指標についても触れてみたが、この章ではあえて事例と共には語らなかった。

なぜなら、事例は、様々な要因（時代背景や企業状況、市場状況など）が絡み合って成立しており、（第三章や第四章でいろいろ部分施策を取り上げたように）その部分部分を取り上げるには向いていても、数年以上の全体構築となると、影響要因が多すぎて、一般化も普遍化もしにくいからである。
それでも、どうしても、という人も多いので、少しだけ言及してみる。

（1）のパターンの事例としては、スターバックスやスノーピーク、そして海外になるがザッポスなども挙げられる（中長期ファンベース施策だけでなく、単発施策をやっている場合もある）。小規模企業での成功事例もわりと多い。世の中からは見えにくいが（ファンだけを相手にしているのだから当たり前なのだが）、調べるといろいろある。ボクの身近な例としては、富士酢の「飯尾醸造」やタオルの「イケウチオーガニック」、工場直結ファッションブランドの「ファクトリエ」、ECサイト「北欧、暮らしの道具店」の「クラシコム」、旅館の「里山十帖」などの取り組みとその志など、ぜひ取り上げたいのだが、またの機会に譲りたいと思う。

地域の取り組みでは、徳島県神山町の事例がファンベースとして示唆に富んでいる。地元の人たちが二十数年に及ぶ活動を積み重ねる中で、人が人を呼び、今や移住者やIT企業のサテライトオフィスがいくつも集まる展開が生まれている。短期的かつ小手先の施策になりがちな地方行政の先進事例として感動的だ。『神山プロジェクトという可能性』（NPO法人グリーンバレー・信時正人著　廣済堂出版）といういい本も出ているので読まれるといいと思う。

（2）のパターンでは、ゼロからファンを作っていったAKB48などは、やっぱりすぐれた先進事例だと思う。ブームになった後でもずっとファンベースを地道に継続していることなど、学べるところはとても多い。

（3）では、ネスレ日本による「ネスカフェ　アンバサダー」の一連の全体構築を、検索などを使って追い、研究してみることをオススメする。

中長期ファンベース施策をアンバサダー・プログラムを中心にきちんと土台として敷いた上で、短期や単発施策を機能させており、この章の（3）の優良事例だと思う。また、新たな展開もその「ベース」の上で行っている。22ページの津田さんの言葉を読み直すと、その考え方や姿勢もよくわかると思う。

また、ファンという土台をきちんと固めるという意味で、総株主のうち99・5％を個人株主にし、「株主という名のファン」との接点づくりを強化したカゴメの中長期施策はとても優れている。「株主」という実に強固な土台の上に短期・単発施策を打てるわけだ。こうなると、短期キャンペーンで話題化する必要もない。ファンにちゃんと届くことでLTV上昇を見込むことができ、ファンが新たなファンを作ってくれる。

他には、第三章と第四章で取り上げた企業はそれぞれファンベース施策として優良事例なので、そこに短期・単発施策をどう絡めているか、それをウォッチすることで全体構築を研究することはできると思う。マツダや広島東洋カープ、カルビーなどは研究するととてもおもしろい（偶然3つとも広島だ！）。

第六章

# ファンベースを楽しむ（もしくは実行の際のポイントの整理）

## この章のポイント

ファンベースはなにかとキレイゴトの理想論と捉えられがちだが、実際、商品の価値を支持してくれ、愛用してくれているファンの笑顔を作ることほど、うれしく、誇らしく、やり甲斐のある仕事は他にないのではないだろうか。ファンベース施策の実行は実は「喜び」に満ちているのである。

## いったい世の中に、ファンを笑顔にすることほど楽しい仕事が他にあるだろうか

ずっと**広告や宣伝は「妨害型」**だった。

例えば、テレビでドラマに惹き込まれている人の前に脈絡なく突然CMとして現れ、インパクト強い表現で、ドラマに集中していた意識を妨害し商品名を脳みそに入れ込んでくる。例えば、新聞で熱心に政治記事を読んでいる人がページをめくると、いきなりインパクト強い表現で新聞広告が現れ、政治のことを考えていた意識を妨害し、商品情報を脳みそに入れ込んでくる。街をのんびり歩いていてもそうだ。景色を眺めていると、いきなりビルの上の大きな広告看板がインパクト強く目に飛び込んできて、景色を楽しんでいた意識を妨害し、商品パッケージを脳に入れ込んでくる。

ネットでもSNSでも、広告の構造はほぼ同じだ。インパクト強く「妨害」して、生活者の意識を「広告という名の、企業に都合のいい一方的な情報」に向けさせようとしているのである。

それに比べると、ファンベースという考え方は、ずいぶん違う。

なぜなら、**企業・ブランド・商品のファンは、その情報を「望んでいる」からである。**だってファンだからね。求めているのである。

言うなれば、**妨害型というより「提供型」**だ。妨害して無理やり広告を見させるのではなく、望んでくれる人に謹んで情報を提供しますよ、という感じに近い。

そしてその提供は、**「笑顔」をもって迎えられる。**

自分たちが生み出し、愛しているその商品。**その価値を支持してくれ、愛用してくれているファンの笑顔を作ることほど、うれしく、誇らしく、やり甲斐のある仕事は他にないのではないだろうか。**

また、伝える仕事をしている人にとっても、伝えたいと思っているその情報が心から望まれ、求められ、笑顔をもって受け取ってもらえることほど、楽しく、ワクワクすることはないのではないだろうか。

ファンベース施策を実施することは、そんな仕事のひとつなのである。

## ファンベースを楽しもう

とかくファンベースは「時間がかかる」「手間がかかる」「手離れが悪い」「効率が悪い」などのネガティブな要素で語られがちだ。

でも、それはマスメディア上で大声で叫べば伝わった妨害型のやり方を基準に比較しているからで、いったんそれをゼロに戻して今までのやり方を忘れてみると、愛用してくれているファンを大切にする仕事であるファンベースは、とてもポジティブな要素で満ちている。

時間がかかるのではない。じっくりと「**時間をかけたい**」のである。
手間がかかるのではない。真摯に丁寧に「**手間をかけたい**」のである。
手離れが悪いのではない。楽しいから「**手を離したくない**」のである。
効率が悪いのではない。できるだけ長く「**労力をかけてつきあいたい**」のである。

ファンを大切にする。ファンを笑顔にする。そのファンたちの支持をより強くする。そのファンたちをベースに企画を考える。ファンと一緒に売上を伸ばしていく。ファンと一緒に企業やブランドや商品の価値を上げていく。

これらは**基本的にとても楽しいこと**だ。

妨害型の広告も、ファンの目線で見直してみよう。テレビドラマへの熱中を妨害されても、その商品のファンであるなら、そのCMを見て「おっ！」っと喜ぶはずだ。

ファンにとっては、そのCMが存在すること自体が喜びなのである。そして、その表現を

「新規顧客に対するインパクト強い妨害」から「ファンがもっと喜ぶ提供」に変えるだけで、ファンの笑顔は増していくだろう。そういう視点から、ひとつひとつ、今までの施策を見直してみるだけで、ずいぶんとプランニングのあり方が違って見えるはずだ。

## 楽しむ、という視点でファンベース施策のポイントを整理してみる

この本では、ここまであえて**現実的かつテクニック論的に書いてきた。**個人的にはそんなに得意ではないのだが、これでもなるべく「ノウハウ」的にし、「売上」とか「数字」に寄せて書いてみたつもりである。

なぜかというと、従来の視点からすると、ファンベースはなにかと**キレイゴトの理想論と捉えられがち**だからである。最初っから「ファンベースって楽しいよ」って書いても、現実論者はこの本を手にも取ってくれないだろう。

でも、実際には、ファンベースは楽しくワクワクする施策である。

この章では、そういう視点も含めて、ファンベース施策を実行する際のポイントを整理してみたいと思う。

### ①スモールスタートで楽しむ

ファンベース施策のスタートラインは、何はなくとも「傾聴」であるのだが、その傾聴のためのファン・ミーティングも、多額の予算を使う必要はない。

第三章でもちらりと書いたが、社内でもいい。まずは気楽にスモールスタートしてほしい。まずは始めてみることだ。その商品を偏愛する社員を人づてに集めて、できる範囲で傾聴しよう。

社員も生活者のひとり。生活者目線で偏愛のツボを語ってくれるはずだ。そしてその「社内ファン・ミーティング」はとても楽しい体験となるだろうし、社内にファンのネットワークが作れる。これは楽しい上にあとあと大きく効いてくる。社内ファンがその体験を周りに話し、新たな社内ファンを作ってくれるからである。そしてプロジェクトの協力者が増えていく。

そのとき、施策の全体構築を先に意識しておくとなお良いだろう。将来的にファンベース施策で連携すべき他部署の人を最初に巻き込んでおけると、仲間の広がり方が違ってくる。また、決裁のキーパーソンに参加してもらうのも話が早い。彼らが偏愛のファンでないならば、見学に来てもらうだけでもいい。キーパーソンは基本的に優秀な人だ。意義とやりたいことを正面から説明すれば、理解して見学くらいには来てくれる。

社内でなく、社外のファンを集めるファン・ミーティングも、スモールスタートかつ手作りで始めるのでいい。そのときも他部署やキーパーソンを巻き込むことを忘れずに。

初めてやったファン・ミーティングが予想に反して盛り上がらなかったとか、せっかくできた仲間が他業務が忙しくて来れないとか、頼りにしてたキーパーソンが異動で離れてしまうとか、いろんな問題ももちろん起こる。でも、基本のスタンスは、主催者であるあなたが「楽しむ」ことだ。商品を愛する人の集まりなのだ。批判者も集まるグループインタビューではなくファンが集まるミーティングなのだ。味方ばかりと考えよう。あなたのワクワクは必ず伝わる。

**②時間をかけることを楽しむ**

「ファンベースは時間がかかる」という発想を頭から追放しよう。時間がかかるのではない。楽しいからじっくり時間をかけたいのである。

しかも、時間をかければかけるほど、ファンはそれに応えてくれる。

『スターバックス成功物語』（ハワード・シュルツ／ドリー・ジョーンズ・ヤング著・日経BP社）の中にこういう印象的な文章がある。

スターバックスの成功は、全国的なブランドを確立するために広告宣伝費に何百万ドルもかける必要はないことを証明している。大企業のような巨大な資金源がなくても**一度に一人の顧客、一度に一軒の店舗、一度に一つの市場と向き合っていれば必ず成功する。**それどころか、これは顧客の信頼を勝ち取る最善の方法かもしれないのだ。**何年もの間、忍耐と自制を重ねていけば、口コミで噂が広まり、地元で評判のブランドを全国的な大ブランドに育て上げていくことができる。**しかも、それと同時に個々の顧客や地域との絆も深まるのだ。

ここでは「何年もの間、忍耐と自制を重ね」ると厳しめに書いてあるが、基本、ファンにかける時間は楽しい時間である。だってあちらから笑顔で語りかけてきてくれたりするんですよ？　そういうファンを大切にし、楽しくつきあうということですよ？　しかも、じわりじわりと業績も伸びていく。スターバックスみたいな大成功例まで行くかどうかは別にして、実に楽しいことではないか。

### ③ファンになってもらう過程を楽しむ

ファンを作るのも、急がないほうがいい。

短くして得られたものは短くして失ってしまう。ゆっくり少しずつファンになってもらうことだ。時間をかけてファンになってくれた人は裏切らない。必ずや応えてくれる。

この本の扉で引用した『星の王子さま』の一節は、王子さまとキツネが「絆を結ぶ」過程が書かれている。

あの文章の少し前を引用すると、

「ううん」王子さまは言った。「友だちをさがしてる。『なつく』ってどういうこと？」

「ずいぶん忘れられてしまってることだ」キツネは言った。「それはね、『絆を結ぶ』ということだよ……」

「絆を結ぶ？」

「そうとも」とキツネ。「きみはまだ、ぼくにとっては、ほかの十万の男の子となにも変わらない男の子だ。だからぼくは、べつにきみがいなくてもいい。きみも、べつにぼくがいなくてもいい。きみにとってもぼくは、ほかの十万のキツネとなんの変わりもない。でも、もしきみがぼくをなつかせたら、ぼくらは互いに、なくてはならない存在になる。きみはぼくにとって、世界でひとりだけの人になる。ぼくもきみにとって、世界で一匹だけのキツネになる……」

そして、そのやり方をキツネはこう説くのである。

「どうすればいいの？」王子さまは聞いた。

「がまん強くなることだ」キツネが答えた。「はじめは、ぼくからちょっとだけ離れて、こんなふうに、草のなかにすわるんだ。ぼくは横目でちらっときみを見るだけだし、きみもなにも言わない。ことばは誤解のもとだから。でも、日ごとにきみは、少しずつ近くにすわるようにして……」

この文章を読んで、「面倒くさいな」と思うか「素敵な方法だな」と思うかはあなた次第だが、ボクは「素敵と思う派」である。

会社からは目の前の結果を求められるだろう。それはあなたを疲弊させるだろう。でも、「はじめは、ぼくからちょっとだけ離れて、こんなふうに、草のなかにすわ」り、日ごとに「少しずつ近くにすわるようにして」、関係を深めていくのである。

その過程を密やかに楽しもう。数字は必ず後からついてくる。

**④常連さんをお迎えすることを楽しむ**

ファンベースというと「ファンと直接つきあう」というイメージがどうしても抜けない人が多いのだが、第五章までにも何度か書いたように、**ファンとの直接のつきあいの前にやることは山ほどある。**

常連さんの例で言うなら、お店で常連さんとカウンター越しにコミュニケーションしたり、閉店後一緒に遊びに行ったりを考える前に、まず「常連さんから支持される価値を確認し、内装や居心地やメニューをちゃんとその方向で整えて、常連さんを温かくお迎えする」ほうがずっと先であり、大切なのだ。

ファンベースとは、そういう「環境作り」が主だと考えてほしい。

あなたの周りを見回してみると、そういう「お客さんをお迎えする環境作りが上手かつ得意な人」がいると思う。

一見、人見知り風だけど、いろいろ気配りができて相手の気持ちになれる人。その場が楽しくなるように、裏方的に細やかな動きができる人。**実は、つきあいがよい人や社交性がある人より、そういう人のほうがファンベース施策に向いている。**言うなれば、狩猟タイプではなく農業タイプの人。水やりしたり肥料をやったりして、じっくり環境を整えて育てていく人。農業タイプの人は自然の声をよく聞く人でもある。つまり、「傾聴」の重要さも直感的にわかっているのだ。会話中も、自分の話より相手の話を優先させ、聞き手に回る。

ファンベース施策に向き不向きがあるとすれば、向いているのはそういう人である。

## ⑤ファンという少数と楽しむ

マス（大衆）という大きな塊を相手にしてきた時間が長いこともあり、企業の人も、プランナーやマーケターも、「ファンは少数である」ということを忘れがち＆軽視しがちだ。

そういう人は、大勢にウケたほうが楽しいに決まってるし、世の中的に話題になったほうがうれしいに決まってる、と思い込んでいる。「ファンという少数を笑顔にする楽しさ」を理解しようとしないのである。

でも、別物の楽しさなのだ。

大勢のパーティで騒ぐのが大好きなパリピ（パーティーピーポー）も、恋人や親友や家族との数人の親密な時間を楽しまないわけではないだろう。**大勢と薄くつきあうのも楽しいが、数人と濃くつきあうのも楽しいものである。**

ファンベースは後者だ。最初から楽しみ方が違う、と思ったほうがいい。比べるのではなく、別物なのである。

ファンをもてなしたり、ファンの参加を促す時、人数をたくさん集めて前者っぽくする必要はあまりない。商品の価値を大切にするあなたと、その価値を支持する彼ら彼女らとの「親密なつきあい」というスタンスをとったほうがいいだろう。そしてそれは、とても楽しいものだ。

ただ、親密になる前提として「商品に対するあなた自身の熱量の高さ」は大事なので注意してほしい。あなた自身が熱量高いファンになっていないと、ファンたちとの少数での楽しみは生じない。

### ⑥コミュニティ運営を楽しむ

妨害型的発想が抜けない人が一番嫌がるのが「手離れの悪いコミュニティ運営」である。

これは向き不向きもある。インパクト強く目立って話題化するのが得意な人は、地道で丁寧なコミュニティ運営には向いていないところはある。そして、例えば広告業界は、そういうのを得意とする人材を長く採用してきた。だからコミュニティ運営を敬遠する人が多かったりする。

そもそも、一般的にほとんどの人がコミュニティ運営をやったことがない。経験値のある人が少なすぎるのだ。

それは逆に言うと初心者だらけ、ということでもある。つまり「**いろいろ失敗しても恥ずかしくない**」ということだ。だからファン・コミュニティの運営などにおいて、いろいろ試行錯誤することは何も恥ずかしいことではない。指導してくれる人がほぼいない状況だからである。トライも、エラーも、楽しもう。

そして、そうして得られた経験値はとても貴重なものになる。経験者も先達も少ないのだ。あっという間にコミュニティ運営におけるトップ人材になることも可能だ。だからたくさん経験を積もう。いろんな失敗も楽しもう。それはありがたい学びの過程である。

## ⑦キレイゴトを楽しむ

実際にファンベース施策を始めるとわかることだが、なんだかマザー・テレサみたいな気分になることもまた多い。大衆（マス）という塊ではなく、人間ひとりひとりを相手にする分、いろいろなことが起こるのだ。

また、上司から業績への影響を問われたり、日々の数字に現実的に向き合っていると、ファンベースなんか単なるキレイゴトに思えて、空しく思える日もあるかと思う（実際には売上に直結しているのだけどね）。

でも、あえてキレイゴトを言うが、あなたは人生において何を大事にするのかということを試されているとボクは思う。何のために会社に入り、何のために仕事をし、何のために生活者にその商品を売っているのか、である。

この本のラストは、ファンベース施策に向き合うときの心構えというか、同じように、楽しいけどいろいろな問題に直面しているものからの「応援の言葉」として、マザー・テレサが広めた言葉を引用して終えたいと思う。

キレイゴトを楽しもう。キレイゴトなくして何の人生か、とボクは思う。

人は不合理、非論理、利己的です。
気にすることなく、人を愛しなさい。

あなたが善を行うと、利己的な目的でそれをしたと言われるでしょう。
気にすることなく、善を行いなさい。

目的を達しようとするとき、邪魔立てする人に出会うことでしょう。
気にすることなく、やり遂げなさい。

善い行いをしても、おそらく次の日には忘れられるでしょう。
気にすることなく、善を行い続けなさい。

あなたの正直さと誠実さとが、あなたを傷つけるでしょう。
気にすることなく正直で誠実であり続けなさい。

助けた相手から恩知らずの仕打ちを受けるでしょう。
気にすることなく、助け続けなさい。

あなたの中の最良のものを世に与え続けなさい。
けり返されるかもしれません。
でも、気にすることなく、最良のものを与え続けなさい。

# あとがき

「TED」という世界的な講演会がある。

NHKの『スーパープレゼンテーション』という番組にもなっているので、ご存じの方も多いと思う。

そこで、2015年11月に、ロバート・ウォールディンガー教授がある研究結果をスピーチしたのだが、その内容をひと言で言うと「人生を幸せにするのも、人を健康にするのも、人間同士のつながりである」ということである。ちょっとスピーチから抄録してみよう。


75年にわたる研究からはっきりと分かったことは、私たちを健康かつ幸福にするのは、富でも名声でも無我夢中に働く事でもなく、良い人間関係に尽きるということです。

人間関係に関して、3つの大きな教訓がありました。

第一に周りとのつながりは健康に本当に良いということ。家族・友達・コミュニティと**よくつながっている人ほど幸せで、身体的に健康で、つながりの少ない人より長生きする**ということが分かりました。

第二に、50歳で最も幸せな人間関係にいた人が80歳になっても一番健康だったということ。

第三に、良い関係は、身体の健康だけでなく脳をも守ってくれるということ。

75年間にわたる研究で、**定年退職後一番幸福な人は、仕事仲間に代わる新しい仲間を自ら進んで作った人たち**です。

この研究の参加者の多くは、彼らが青年期に入った時、名声や富や業績こそが良い生活をするのに必要なものだと本当に信じていましたが、75年もの我々の研究でくり返しくり返し示されたのは、**最も幸せに過ごして来た人は、人間関係に頼った人々**だ、ということでした。

それは家族や友達、コミュニティだったり、様々です。


この「つながり」のことと、ファンベースを短絡的に結びつけることはしないが、ただ、「企業とファンとのつながり」が、幸せや健康に直結していたら、それは素晴らしいことだなぁ、と、ちょっと夢想する。

企業の本業とは生活者の課題解決であり笑顔を作ることで、それを日々実行している企業活動はそれ自体が社会貢献だ、と、「はじめに」で書いた。

ファンベースでできる「つながり」が、その貢献をもうひとつ増やしてくれるなら、それは本当に素晴らしいことだと思う。

つながりと言えば。

ボクは「4th」というコミュニティを作り、もう2年半、かなり濃厚に運営している。

4thとは、つまり4番目。家族という生活仲間、友人という遊び仲間、同僚という仕事仲間、その次にくる「4番目の仲間」という意味である。

ボクが主宰している広告コミュニケーションの勉強会である「さとなおオープンラボ」の卒業生がそのメンバーの中心なのだが、ラボの期（現在9期である）が増えるに従って、今では350人に迫ろうかという勢いである。でも、人数が増えて関係性が薄くなっていると感じたことはない。濃いつながりが増え続けている、というのが実感である。

この本は、そのラボ、そして4thで、ずっと勉強しあってきた結晶みたいなものだ。22歳から58歳まで、職業も職種もバラバラなメンバーと、日々勉強しあい、刺激しあう中で、ボクの中で少しずつまとまっていったことを書いたものなのである。

ラボ、そして4thメンバーには本当に感謝しかない。ありがとう。この本はみんなと「一緒に書いた」とマジで思っています。その想いを込めて、ここに「裏著者」として名前を記させていただきます。

宇野実樹、伊藤美希子、磯本節子、大津あや、大塚拓、黒田紀行、作田祥介、鈴木賢史郎、曽我紗弥香、土屋和泉、中嶋信矢、中野未知子、長山勇太、根岸佑樹、町田奈々、宮島彰、宮嶋華織、毛利伸也、森橋新祐、山根愛香、山本雄生、吉田尚、宇根岡亨、上坂優太、小久保英史、重住桜子、田中雄之、原田紘子、樋口天平、洞本宗和、松本恒太朗、丸山忠彦、三井ゆかり、山本俊介、池田千恵、上田浩士、内田浩二、楠見敦美、高島恒雄、塚田歩、辻貴之、徳力基彦、深谷洋子、保科武彦、本多敦、村越豊、伊佐慶太、えのもとけんじ、谷垣たけし、出村光世、庭野広平、藤枝慶、星野祐司、松江大吾、松尾正太郎、松川佳奈、宮下菜穂子、吉田洋基、池田慎一朗、岡井恒介、木村隆二、近藤早春、佐々木大輔、永井克弥、永井身幸、高阪学、土屋浩二、原田隼人、松井孝治、依田真幸、安藤直人、多田正大、小塚仁篤、佐々木裕子、佐藤圭一、霜田真実、善塔久美子、田中奈王子、永田知美、成田真人、西村陸、松本晃久、安藤淳、飯島真梨、織田建秀、河野美月、杉村佳世子、須永朗、高井知美、立山廉、田中宏大、玉川健司、益田勇気、吉田豊、井上雄太郎、岡村和佳菜、門脇俊仁、佐々木久実、下要、鈴木ゆい、高見祐介、竹中直己、田中良治郎、千場香名女、松岡謙二、水口麻希子、阿部元貴、今井知里、梅村健、鈴木勉、實川節朗、蝶野薫、夏目和樹、西沢啓弥、根岸未知、久野雅己、諸月紗保子、渡邉靖子、大嶋慶、古波蔵洋平、澤由美彦、篠原達也、鈴木春香、高木健太、中村義哉、野原和歌、村上敦朗、安村敦子、山田瞳、渡邉典文、浅沼威行、有田寛史、太田圭、加藤美侑、相模将喜、中村勉、野澤亮、橋尾恭介、福田佐和子、宮脇淳、森通治、吉本百江、内田佳奈、大塚正樹、加藤裕樹、越野理恵、佐藤友美、西岡和也、冨田裕乃、長谷博子、福田正俊、早川忠宏、向井純太郎、村尾明仁、秋山奈央、植野準太、鎌田麻三子、川原光保子、岸本祐有乃、髙柳裕行、名古屋考平、灘上洋子、西田佐保子、羽生和彦、早川恭平、牟田口武志、井上由佳子、磯部智一、神戸良、木藤正太、榮田佳織、佐々木貴史、田口彩人、田中志織、田原美穂、福西祐樹、丸山善絵、渡邉寧人、伊藤若菜、稲川浩之、井上利彦、今田美穂、菅根秀一、鈴木美穂、田中千鶴、西田遼、望月悠美、吉田国夫、和田夏樹、渡邉慎平、宇田愛、海尾泰弘、坂本篤郎、杉野真介、高橋正和、滝川洋平、中村美幸、春花祐太、藤井達司、三浦健夫、谷島千明、渡邊直希、青地広信、荒川夏実、荒木千衣、安藤尚人、宇井理人、奥田雄一郎、金子里美、城市俊則、中畑友歌、西本雅則、前田英毅、安永梨和、石川聖子、岩田智紗子、岡野由裕、片山千種、神野芳郎、唐渡晴香、河村良洋、塩谷公規、杉浦由佳、竹渕祥平、土井佐季、長江将史、中野健秀、藤井裕也、藤城孝之、本條秀樹、本田祐哉、益田健太郎、村上敬子、山本隆博、吉川信幸、秋山藍子、浅野哲、稲川貴光、稲田勇、稲田賢次、江藤朋子、合田陽太郎、小菅健司、阪口花名、坂本宗隆、澤田祥平、田中万貴、土谷秀一郎、虎本紗代、中野祥一郎、長屋公美子、橋本博、藤本甲児、本條優子、宮﨑薫、山下潤、荒川誠、伊澤恵美子、笹原明代、垣内壮平、京極舞、児島聡、佐藤明美、高石典子、玉手健志、冨里晋平、中嶋増美、八反雅代、川島未緒、黒川さつき、小松昇平、澤田千佳、清水隆蔵、為広陽子、松永剛、森尾洋一、丸本翔一、宮入史恵、柳原圭、渡邉桃子、浅田広太、飯尾美貴、伊藤奈美子、池山千尋、兼平匠、清水徹、高橋智子、塚本祥穂、平木洋輔、松枝三保子、三浦孝文、山田愛、内田光紀、岡田美佳子、小田光孝、加藤みのり、児玉裕希、小清水純、佐々木拓史、中村静久朗、布目幹人、濱田律子、松田紀子、山田絵理香、秋山駿、石黒薫、海老名渚、小林陽子、坂口淳一、清水美央、塚本公司、松村有紀子、八木章人、山川寛子、山本匡浩、渡邉謙二、伊豆昭美、伊藤修司、上野沙織、桜井雄一朗、柴野伊都、杉原里衣、中川剛、永田滋友、西田陽介、野中柚香、山本麗実、渡邊慎悟

この本は、ファンベースという考え方の提案です。

ファンベースという考え方自体はまだこれから日々進化していくと思うし、ボク自身も試行錯誤の真っ最中だったりします。だから、一緒に試行錯誤する程度のことくらいしかできないけど、もしそれでよろしかったら、いつかファンたちを大切にする仕事をあなたとご一緒できたら、と思います。→satonao310@gmail.com

ここまで読んでいただき、ありがとうございました。

また、最後になりますが、1年以上もの間、忍耐と自制を重ねていただいた筑摩書房の羽田雅美さんにも、感謝をお伝えしたいと思います。本当にありがとうございました。

日々の仕事の打開策が見えず悩んでいる方に、少しでもこの提案が役立つことを願って。

2018年2月

佐藤　尚之

## ［巻末 URL 集］

「筑摩書房 HP」（http://www.chikumashobo.co.jp/special/fanbase）上にリンク一覧を作っています。そちらにアクセスしていただくと下記のサイトへのリンク集を見られます。どうぞご利用ください。（これは 2018 年 1 月現在のもので、リンクが変更・削除されている可能性があります）

（1）超高関与消費のマーケットインパクト
http://www.yhmf.jp/pdf/activity/adstudies/vol_51_01_03.pdf
（2）上位 2.5％の客対象のコミュニティ「& KAGOME」、コアファン向けサービスで上得意の離脱阻止
http://business.nikkeibp.co.jp/atcldmg/15/132287/082500041/
（3）「ライフタイムバリュー」とは、「一人の顧客がその取引期間を通じて企業にもたらすトータルの価値」
http://www.advertimes.com/20141222/article178465/
（4）ソニーのデジタル一眼カメラ「α」に学ぶ、なぜ購入後のマーケティングを重視すべきなのか
http://www.sbbit.jp/article/cont1/30229
（5）顧客に愛される、カルビーのクレーム対応
http://bizgate.nikkei.co.jp/article/123230117.html
（6）99.5％が個人株主、カゴメに学ぶファン株主の育て方
http://mag.sendenkaigi.com/kouhou/201311/cat597/000686.php
（7）商品はファンには売るな!?　AWS マーケティング担当者が語った、最強のコミュニティ運営術
http://logmi.jp/21744
（8）スティーブ・ジョブズが Apple 社内で“Think　Different”について社員に向けて語ったこと
http://web-academia.org/it_business_theme/1181/
（9）アップル CM「Think　Different.」（声：スティーブ・ジョブズ）［日本語字幕］
http://www.youtube.com/watch?v=W5GnNx9Uz-8
（10）広島カープファンの輪が広がり続ける理由。ユニーク施策の原点は「感謝の気持ち」
http://sports.yahoo.co.jp/column/detail/201407090001-spnavi
広島東洋カープの記事としてはこちらもどうぞ。

広島カープの黒字経営 http://www.tkc.jp/cc/senkei/201407_special02
(11) ファンの熱狂は、社員の熱狂から！　ヤッホーブルーイングの、「どん底」からの組織づくり
http://seleck.cc/966
(12) ヤッホーブルーイング社長 井手直行さん「売り上げにつながらない取り組みがファンを作る」
https://www.nhk.or.jp/keizai/archives/20170603_10.html
(13) ファンと1年かけて商品開発、カルビー「それいけ！　じゃがり校」10周年
http://www.advertimes.com/20170705/article254092/
(14) スノーピーク山井社長「B with C」を徹底
http://business.nikkeibp.co.jp/atcl/report/16/040400128/070700007/
(15) 100人のお客より1人の熱烈なファン。営業の担当世帯を大きく減らした理由
http://business.nikkeibp.co.jp/atcl/report/15/244460/092600026/
(16) イオン「数値目標なき改革」で問われる本気度
http://toyokeizai.net/articles/-/168814
(17) スタバはなぜ値下げやテレビCMをしない？　高いブランド力構築の戦略を元CEOに聞く
http://biz-journal.jp/2013/10/post_3098.html
(18)「NPS」って顧客満足度調査とは何が違うの？　NPSは業績に直結する指標です
https://webtan.impress.co.jp/e/2017/03/08/24303
(19)「NPS」でKPIが変わった?!　デジタルコミュニケーションの新機軸を目指すライオンのオウンドメディア戦略を聞く
http://smmlab.jp/?p=43794
(20) 熱狂ブランド調査2017
http://www.tribalmedia.co.jp/wp/wp-content/uploads/brandresearch2017.pdf

ちくま新書
1305

# ファンベース
――支持《しじ》され、愛《あい》され、長《なが》く売《う》れ続《つづ》けるために

二〇一八年二月一〇日　第一刷発行
二〇二五年二月二〇日　第一九刷発行

著者　佐藤尚之（さとう・なおゆき）

発行者　増田健史

発行所　株式会社　筑摩書房
東京都台東区蔵前二―五―三　郵便番号一一一―八七五五
電話番号〇三―五六八七―二六〇一（代表）

装幀者　間村俊一

印刷・製本　株式会社　精興社


ISBN978-4-480-07127-9 C0234

## ちくま新書

807
使える！ 経済学の考え方
――みんなをより幸せにするための論理
小島寛之
人は不確実性下においていかなる論理と嗜好をもって意思決定するのか。人間の行動様式を確率理論を用いて抽出し、社会的な平等・自由の根拠をロジカルに解く。

822
マーケティングを学ぶ
石井淳蔵
市場が成熟化した現代、生活者との関係をどうデザインするかが企業にとって大きな課題となる。著者はここを起点にこれからのマーケティング像を明快に提示する。

827
現代語訳 論語と算盤
渋沢栄一
守屋淳訳
資本主義の本質を見抜き、日本実業界の礎となった渋沢栄一。経営・労働・人材育成など、利潤と道徳を調和させる経営哲学には、今なすべき指針がつまっている。

831
現代の金融入門【新版】
池尾和人
情報とは何か。信用はいかに創り出されるのか。金融の本質に鋭く切り込みつつ、平明かつ簡潔に解説した定評ある入門書。金融危機の経験を総括した全面改訂版。

837
入門 経済学の歴史
根井雅弘
偉大な経済学者たちは時代の課題とどう向き合い、それぞれの理論を構築したのか。主要テーマ別に学説史を描くことで読者の有機的な理解を促進する決定版テキスト。

842
組織力
――宿す、紡ぐ、磨く、繋ぐ
高橋伸夫
経営の難局を打開するためには、〈組織力〉を宿し、紡ぎ、磨き、繋ぐことが必要だ。新入社員から役員まで、組織人なら知っておいて損はない組織論の世界。

851
競争の作法
――いかに働き、投資するか
齊藤誠
なぜ経済成長が幸福に結びつかないのか？ 標準的な経済学の考え方にもとづき、確かな手触りのある幸福を築く道筋を考える。まったく新しい「市場主義宣言」の書。

# ちくま新書

959 円のゆくえを問いなおす ——実証的・歴史的にみた日本経済 片岡剛士

なぜデフレと円高は止まらないのか？ このまま日本経済は停滞したままなのか？ 大恐慌から現代へいたる為替と経済政策の分析から、その真実をときあかす。

962 通貨を考える 中北徹

「円高はなぜ続くのか」「ユーロ危機はなぜくすぶり続けるのか」。こうした議論の補助線として「財政」と「決済」に光をあて、全く新しい観点から国際金融を問いなおす。

973 本当の経済の話をしよう 若田部昌澄・栗原裕一郎

難解に見える経済学も、整理すれば実は簡単。わかりやすさで定評のある経済学者・若田部昌澄に、気鋭の評論家・栗原裕一郎が挑む、新しいタイプの対話式入門書。

976 理想の上司は、なぜ苦しいのか ——管理職の壁を越えるための教科書 樋口弘和

いい上司をめざすほど辛くなるのはなぜだろう。頑張るほど疲弊してしまう現代の管理職。では、その苦労の理由とは。壁を乗り越え、マネジメント力を上げる秘訣！

991 増税時代 ——われわれは、どう向き合うべきか 石弘光

無策な政治により拡大した財政赤字を解消し、社会保障制度を破綻させないためにはどうしたらよいのか？ 国民生活の質の面から公平性を軸に税財制を考える一冊。

1006 高校生からの経済データ入門 吉本佳生

データの収集、蓄積、作成、分析。数字で考える「頭」は、情報技術では絶対に買えません。高校生でも、そして大人でも、分析の技法を基礎の基礎から学べます。

1015 日本型雇用の真実 石水喜夫

雇用流動化論は欺瞞である。日本型雇用は終わっていない。労働力を商品と見て、競争を煽ってきた旧来の労働経済学を徹底批判。働く人本位の経済体制を構想する。

1065
## 中小企業の底力
――成功する「現場」の秘密

中沢孝夫

国内外で活躍する日本の中小企業。その強さの源は何か？　独自の技術、組織のつくり方、人材育成……。多くの現場取材をもとに、成功の秘密を解明する一冊。

1092
## 戦略思考ワークブック【ビジネス篇】

三谷宏治

Ｓｕｉｃａ自販機はなぜ1・5倍も売れるのか？　1着25万円のスーツをどう売るか？　20の演習で、明日から使える戦略思考が身につくビジネスパーソン必読の一冊。

1128
## 若手社員が育たない。
――「ゆとり世代」以降の人材育成論

豊田義博

まじめで優秀、なのに成長しない。そんな若手社員が増加している。本書は、彼らの世代的特徴、職場環境、大学での経験などを考察し、成長させる方法を提案する。

1130
## 40代からのお金の教科書

栗本大介

子どもの教育費、住宅ローン、介護費用、老後の準備、相続トラブル。取り返しのつかないハメに陥らないために、「これだけは知っておきたいお金の話」を解説。

1138
## ルポ 過労社会
――八時間労働は岩盤規制か

中澤誠

長時間労働が横行しているのに、さらなる規制緩和は必要なのか？　雇用社会の死角をリポートし、「働きすぎの日本人」の実態を問う。佐々木俊尚氏、今野晴貴氏推薦。

1166
## ものづくりの反撃

中沢孝夫
藤本隆宏
新宅純二郎

「インダストリー4.0」「ＩｏＴ」などを批判的に検証し、日本の製造業の潜在力を分析。現場で思考をつづけてきた経済学者が、日本経済の夜明けを大いに語りあう。

1175
## 30代からの仕事に使える「お金」の考え方

児玉尚彦
上野一也

あなたは仕事できちんと「お金」を稼げていますか？　ビジネス現場で最も必要とされる「お金で考えるスキル」を身につけて、先が見えない社会をサバイブしろ！

# ちくま新書

1179
日本でいちばん社員のやる気が上がる会社
——家族も喜ぶ福利厚生100
坂本光司&坂本光司研究室
全国の企業1000社にアンケートをし、社員と家族を幸せにしている100の福利厚生事例と、業績にも確実によい効果が出ているという分析結果を紹介する。

1188
即効マネジメント
——部下をコントロールする黄金原則
海老原嗣生
自分の直感と経験だけで人を動かすのには限界がある。マネジメントの基礎理論を学べば、誰でもいい上司になれる。人事のプロが教える、やる気を持続させるコツ。

1189
恥をかかないスピーチ力
齋藤孝
自己紹介や、結婚式、送別会など人前で話す機会は意外と多い。そんな時のためのスピーチやコメントのコツと心構えを教えます。これさえ読んでいれば安心できる。

1197
やってはいけない! 職場の作法
——コミュニケーション・マナーから考える
高城幸司
雑談力、社内ヒエラルキーへの対処、ツールの使い分け、会議の掟、お詫びの鉄則など、社内に溶け込み、存在感を示していくためのコミュニケーションの基本!

1228
「ココロ」の経済学
——行動経済学から読み解く人間のふしぎ
依田高典
なぜ賢いはずの人間が失敗をするのか? 自明視されてきた人間の合理性を疑い、経済学、心理学、脳科学の最新知見から、矛盾に満ちた人間のココロを解明する。

1232
マーケティングに強くなる
恩蔵直人
「発想力」を武器にしろ! ビジネスの伏流を読み解き、現場で考え抜くためのヒントを示す。仕事に活かせる実践知を授ける、ビジネスパーソン必読の一冊。

1260
金融史がわかれば世界がわかる【新版】
——「金融力」とは何か
倉都康行
金融取引の相関を網羅的かつ歴史的にとらえ、資本主義がどのように発展してきたかを観察。旧版を大幅に改訂し、実務的な視点から今後の国際金融を展望する。